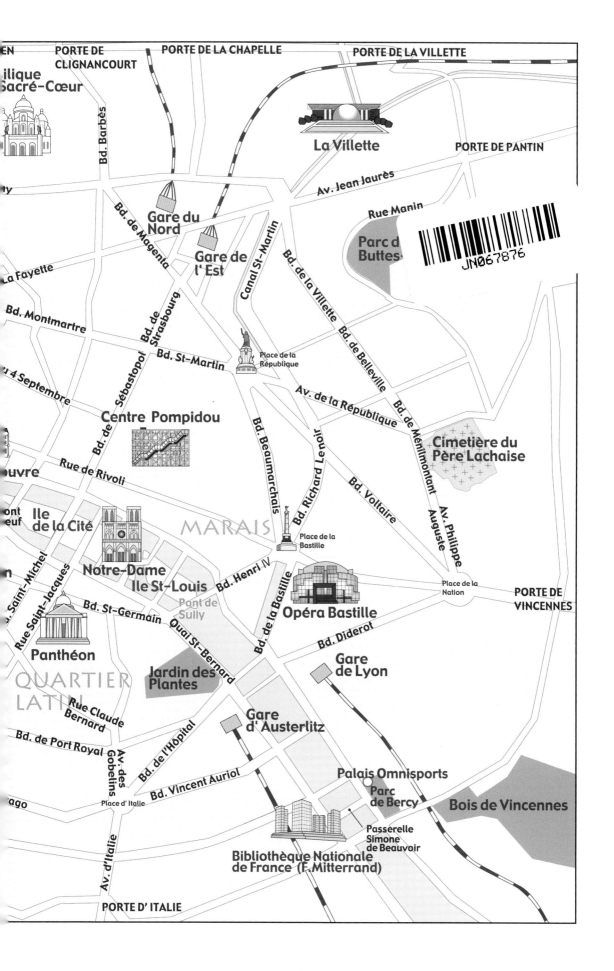

Pilote2
Cours de
français
intermédiaire

Taichi HARA

Laurent RAUBER

Fumie KAWAMURA

Keisuke MISONO

Manabu ISHIKAWA

Yoshihiko NAKANO

Editions ASAHI

─── 音声・INDEX データ URL ───

https://text.asahipress.com/free/french/pilote2/

まえがき

　本書は大学でフランス語を始めた学習者が、知識と実践を深めるために作られた教科書です。すでにご好評いただいた『ピロット──すいすい初級フランス語』の続編として、基本的には2年目に使う教程として作られました。見開き2ページを1単位とし、週2回半年間、あるいは週1回1年間で終える構成になっています。この教程をマスターすれば、実用フランス語検定（仏検・APEF）準2級程度の実力が身に付くはずです。4ページで1課となっており、前半が文法の習得に充てられ、後半の＜ Expression ＞が聞き取りや会話の演習になっています。

・はじめの3課は復習に充てられます。ここで動詞の活用や発音など、初級で習ったフランス語の基本的な知識を振り返っておきましょう。
・各課の冒頭には、『ピロット1』と同様に、文法項目に関する＜対話＞が置かれています。これをしっかり学習することが学習の根幹になります。隣どうしで、なるべく暗記して対話練習ができるようにしましょう。
・新出単語は、意味とともに示してあります。それをしっかりと覚え、積み重ねてゆくことが肝要です。示されていない語彙は『ピロット1』か本書で既出のものですから、忘れていた場合は巻末の〈INDEX〉を用いて復習しましょう。基本的に、学習時に辞書は必要としません。本書の教程に従って、単語は出てきた順で確実に覚えていきましょう。
・＜ Expression ＞は、基本的にフランス語で教授する授業を想定して作られています。初めは表現が複雑だったり、聞き取りが困難に思えるかもしれませんが、重要なのは「慣れること」です。教材となる音声はウェブで公開されていますので、予習復習に活用してください。
・記号♪が示されているところは音声データがあります。音声データは朝日出版社ホームページ（https://text.asahipress.com/free/french/pilote2/）で入手できます。授業の復習などに用いてください。また、ホームページ上には〈INDEX〉のエクセル・ファイルがありますので、そちらも使いやすい ように加工して学習に活用するといいでしょう。

　語学学習の2年目は、ちょっと苦しいステップかもしれません。勉強を始めた頃の新鮮さが徐々に失われ、発音や聞き取りなどで「できないこと」に意識が向いてゆきます。覚えるべき語彙の膨大さに押しつぶされそうになるのもこの頃です。けれど、あらゆる技術の習得と同様、語学もまた、正しい努力を重ねることによって必ず成果が上がるものです。本書が皆さんの最良の手引きとなれば幸いです。

2023年9月　著者識

目　次
....

Leçon 1　[復習] être, avoir, 第 1 群規則動詞の現在形、数

対話　隣どうしで練習しよう

♪ no.1-02

Marianne : Salut Yosuke ! Moi, c'est Marianne ! Tu es aussi étudiant ?

Yosuke : Salut Marianne. Oui, je suis en troisième année de commerce.

Marianne : Tu as quel âge ?

Yosuke : J'ai 21 ans. Et toi ?

Marianne : J'ai 19 ans. Tu es en France pour longtemps ?

Yosuke : Oui, au moins pour deux ans.

Marianne : Tu habites dans une résidence étudiante ?

Yosuke : Non, j'habite dans un appartement avec ma grande sœur.

Marianne : Ta sœur étudie aussi en France ?

Yosuke : Non, elle y travaille ! Elle est professeur de japonais.

Marianne : Ah ! J'adore le Japon. Je regarde souvent des films japonais au cinéma.

Yosuke : Moi, j'aime le cinéma français.

Marianne : Génial ! Allons voir un film ensemble la prochaine fois !

Ａa　語彙　commerce 商業；pareil（形容詞）同様だ（ここでは c'est pareil que toi.「きみと同じだ」の省略）；résidence 居住施設、レジデンス；étudiant（形容詞）学生向けの

動詞 être と avoir の直説法現在　　♪ no.1-03, 04

être

je	suis	nous	sommes
tu	es	vous	êtes
il	est	ils	sont

avoir

j'	ai	nous	avons
tu	as	vous	avez
il	a	ils	ont

第 1 群規則動詞の直説法現在　　♪ no.1-05, 06

donner

je	donne	nous	donnons
tu	donnes	vous	donnez
il	donne	ils	donnent

aimer

j'	aime	nous	aimons
tu	aimes	vous	aimez
il	aime	ils	aiment

＊ 例外的な変化をするものもある。

1) manger, commencer など、-cer や -ger で終わる動詞の 1 人称複数（nous）の綴りかた（→動詞変化表・ピロット 1, p.32）
2) acheter, jeter など、語幹部分で「エ」と「ウ」の母音交代が起こる動詞（→動詞変化表・ピロット 1, p.54）
3) préférer, exagérer など、語幹部分で é と è の母音交代が起こる動詞（→動詞変化表・ピロット 1, p.54）
4) payer, envoyer など、i と y の綴りの交代が起こる動詞（→動詞変化表・ピロット 1, p.55）

▶ 練習1 次の動詞を直説法現在で活用しましょう。

1) ranger

_____   _____
_____   _____
_____   _____

2) avancer

_____   _____
_____   _____
_____   _____

3) appeler

_____   _____
_____   _____
_____   _____

4) lever

_____   _____
_____   _____
_____   _____

5) payer

_____   _____
_____   _____
_____   _____

6) préférer

_____   _____
_____   _____
_____   _____

▶ 練習2 カッコ内の動詞を直説法現在に活用し、全体を訳しましょう。

1) En général, nous (manger) tard le soir, vers 20 heures.

_____

2) Vous aussi, vous (jouer) avec votre téléphone pendant que vous (regarder) la télé ?

_____

3) Je te (conseiller) de ne pas aller avec lui. (conseiller 忠告する)

_____

4) Tu ne (fumer) pas à l'intérieur, d'accord ? (intérieur 内部、屋内)

_____

▶ 練習3 フランス語を聞き、書き取りましょう。　　♪ no.1-07

1) _____

2) (répéter 繰り返す ; dialogue 対話)

▶ 練習4 〈対話〉に関して、録音を聞いて、正しい（vrai）か正しくない（faux）かを答えましょう。

♪ no.1-08
1) □ vrai　□ faux　　　2) □ vrai　□ faux　　　3) □ vrai　□ faux　　　4) □ vrai　□ faux

1 **Comptez.** 数えましょう。

1) fleur (1〜25)

2) lapins (25〜50)

3) avions (51〜75)

4) étoiles (75〜100)

2 **Lisez et calculez.** 読んで計算しましょう。(**+ plus　- moins　× fois　= égale**)

- $1+2=$
- $2+4=$
- $4+10=$
- $10+20=$
- $55+22=$

- $4-2=$
- $8-4=$
- $13-2=$
- $20-10=$
- $52-23=$

- $4×2=$
- $8×4=$
- $10×2=$
- $22×3=$
- $16×4=$

à deux Changez les chiffres. Posez la question à votre voisin.

数字を変え、隣の人に問題を出しましょう。

3 **Quelle heure est-il ?** 何時ですか？

1)

2)

3)

4)

5)

6)

7)

8)

4 🎧 **Écoutez et complétez avec les chiffres. Ensuite, répondez à la question.**

録音を聞いて、数字を埋めましょう。そして質問に答えましょう。　　♪ no.1-09, 10, 11, 12

1) Tarô a _____ euros. Il achète une chemise à _____ euros.
   — Combien d'euros a-t-il maintenant ?

   _____ .

2) Le départ du train depuis Strasbourg est à _____ heures _____ . Le trajet pour Paris
   dure _____ heure _____ .
   — À quelle heure le train arrive-t-il à Strasbourg ?

   _____ .

3) Sophie travaille dans un café _____ heures par jour. Elle travaille _____ fois par semaine.
   — Combien d'heures travaille-t-elle par semaine ?

   _____ .

4) Philippe regarde la télé _____ minutes par jour. Mais le dimanche, il la regarde
   _____ heures.
   — Combien d'heures regarde-t-il la télé par semaine ?

   _____ .

♪ no.1-13

1 un / une	**2** deux	**3** trois	**4** quatre	**5** cinq
6 six	**7** sept	**8** huit	**9** neuf	**10** dix
11 onze	**12** douze	**13** treize	**14** quatorze	**15** quinze
16 seize	**17** dix-sept	**18** dix-huit	**19** dix-neuf	**20** vingt

21 vingt et un	**22** vingt-deux …	**30** trente
31 trente et un	**32** trente-deux …	**40** quarante
41 quarante et un	**42** quarante-deux …	**50** cinquante
51 cinquante et un	**52** cinquante-deux …	**60** soixante
61 soixante et un	**62** soixante-deux …	**70** soixante-dix
71 soixante et onze	**72** soixante-douze …	**80** quatre-vingts
81 quatre-vingt-un	**82** quatre-vingt-deux …	**90** quatre-vingt-dix
91 quatre-vingt-onze	**92** quatre-vingt-douze …	**100** cent

Aa lapin うさぎ ; départ 出発 ; trajet 道程 ; durer 続く

05

Leçon 2　[復習]**第 2 群規則動詞、不規則活用**

対話　隣どうしで練習しよう

♪ no.1-14

Marie : Jean, tu veux prendre un café ?

Jean : Oui, avec plaisir !

Marie : Tu connais le « Bateau bleu » au bord de la Seine ?

Jean : Oui, j'y vais souvent avec des amis ou ma famille.

Marie : Tu sais que les cafés glacés sont délicieux là-bas ?

Jean : Je ne bois que les cafés chauds...

Marie : Tu peux choisir ! On y va ?

Jean : Tout de suite ? Je dois d'abord faire des courses...

Marie : Tu peux les faire après, non ?

Jean : Tu as raison. Ah ! Je dois aussi voir un ami...

Marie : Il peut venir avec nous !

Jean : Bonne idée ! Je lui écris un message et nous y allons !

A 語彙　plaisir 喜び；bateau 　船；bord 河岸；glacé 氷の入った、冷たい；délicieux 美味しい；faire des courses 買い物をする；après（副詞）あとで

不定形が -ir で終わる動詞

1) 第 2 群規則動詞　　♪ no.1-15

finir

je	finis	nous	finissons
tu	finis	vous	finissez
il	finit	ils	finissent

2) partir 型（dormir, sentir, servir, sortir 等）　　♪ no.1-16, 17, 18

partir

je	pars	nous	partons
tu	pars	vous	partez
il	part	ils	partent

courir 走る

je	cours	nous	courons
tu	cours	vous	courez
il	court	ils	courent

mourir 死ぬ

je	meurs	nous	mourons
tu	meurs	vous	mourez
il	meurt	ils	meurent

3) venir 型 (devenir, se souvenir, tenir, maintenir, obtenir 等)　　♪ no.1-19

venir

je	viens	nous	venons
tu	viens	vous	venez
il	vient	ils	viennent

不定形が -dre で終わる動詞　　♪ no.1-20, 21

1) prendre 型 (apprendre, comprendre 等)

prendre

je	prends	nous	prenons
tu	prends	vous	prenez
il	prend	ils	prennent

2) entendre 型（descendre, rendre, répondre, vendre 等）

entendre

j'	entends	nous	entendons
tu	entends	vous	entendez
il	entend	ils	entendent

そのほかの不規則活用（対話に現れる動詞）

♪ no.1-22, 23, 24

vouloir

je veux	nous voulons
tu veux	vous voulez
il veut	ils veulent

connaître

je connais	nous connaissons
tu connais	vous connaissez
il connaît	ils connaissent

aller

je vais	nous allons
tu vas	vous allez
il va	ils vont

♪ no.1-25, 26, 27

savoir

je sais	nous savons
tu sais	vous savez
il sait	ils savent

boire

je bois	nous buvons
tu bois	vous buvez
il boit	ils boivent

pouvoir

je peux	nous pouvons
tu peux	vous pouvez
il peut	ils peuvent

♪ no.1-28, 29

devoir

je dois	nous devons
tu dois	vous devez
il doit	ils doivent

écrire

j' écris	nous écrivons
tu écris	vous écrivez
il écrit	ils écrivent

2

▶ 練習1 次の動詞を直説法現在で活用しましょう。

1) obéir

2) servir

3) vendre [entendre 型]

4) mentir 嘘をつく [partir 型]

5) comprendre 理解する [prendre 型]

6) apparaître 現れる [connaître 型]

▶ 練習2 フランス語を聞き、書き取りましょう。　　♪ no.1-30, 31

1) (mourir 死ぬ)

2) (courir 走る)

▶ 練習3 〈対話〉に関して、録音を聞いて、正しい（vrai）か正しくない（faux）かを答えましょう。

♪ no.1-32

1) □ vrai　□ faux　　　2) □ vrai　□ faux　　　3) □ vrai　□ faux　　　4) □ vrai　□ faux

1 **Changez le sujet des verbes et transformez les phrases.** 主語をに合わせ全文を書きかえましょう。

1) Vous connaissez le père de Paul ?

Tu _____

2) Pourquoi il court toujours après lui ?
Pourquoi tu _____

3) Il ment tout le temps parce qu'il n'est pas sûr de lui.
Je _____

4) Elle apparaît toujours quand je pars.
Vous _____

2 **Écoutez et choisissez les deux réponses correctes pour chaque question.** 音声を聞き、質問に対して正しい応答を2つえらびましょう。 ♪ no. 1-33, 34, 35, 36

1) Vous voulez dîner chez nous ce soir ?

a) _____

b) _____

c) _____

2) Vous comprenez tout ce qu'il dit ?

a) _____

b) _____

c) _____

3) Vous aimez le café glacé ?

a) _____

b) _____

c) _____

4) Vous venez samedi soir chez Michelle ?

a) _____

b) _____

c) _____

3 **Répondez aux questions par la négation et l'affirmation.** 質問に肯定と否定でそれぞれ答え
ましょう。

1) Tu vas à l'école aujourd'hui ?

   _____   _____

2) Tu n'es pas d'accord ?

   _____   _____

3) Voulez-vous boire un peu de vin ?

   _____   _____

4) Est-ce qu'ils doivent partir tout de suite ?

   _____   _____

5) Ça sert à quelque chose ?

   _____   _____

6) Vous ne m'entendez pas ?

   _____   _____

7) Est-ce que ta mère t'écrit souvent ?

   _____   _____

8) Vous comprenez ?

   _____   _____

9) Vous ne connaissez pas ce mot ?

   _____   _____

10) Ces questions sont-elles difficiles pour vous ?

   _____   _____

 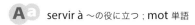 **Posez les questions ci-dessus à un(e) camarade.** クラスの人と質問しあいましょう。

🅰 servir à 〜の役に立つ ; mot 単語

Leçon 3　[復習] 過去時制（複合過去と半過去）

複合過去と半過去

対話　隣どうしで練習しよう

♪ no. 1-37

Yôko : Où est-ce que tu es allé cet été ?

Marc : Je suis allé en Bretagne. C'était la première fois de ma vie.

Yôko : Ah oui ? J'habitais en Bretagne quand j'étais petite...

Marc : Ah bon ? Je ne savais pas !

Yôko : Et qu'est-ce que tu as vu là-bas ?

Marc : Alors, j'ai voyagé à Saint-Malo et j'ai aussi visité le mont Saint-Michel.

Yôko : C'était comment ?

Marc : C'était super ! Et toi alors, qu'est-ce que tu as fait ?

Yôko : Moi, je n'ai pas voyagé. J'ai passé tout l'été à ranger ma vieille maison.

Marc : Oh là là ! Ça n'a pas été ennuyeux ?

Yôko : Pas du tout ! Toute ma famille m'a aidée, et surtout mes enfants.

Marc : Alors c'était des vacances amusantes ?

Yôko : Oui, mais très fatigantes !

Aa 語彙　ennuyeux 退屈だ

複合過去の活用

1) ほとんどの動詞は助動詞として avoir を用いる。　♪ no. 1-38

donner

j' ai donné		nous avons donné	
tu as donné		vous avez donné	
il a donné		ils ont donné	

2) 助動詞 être を用いるのは移動や状態の変化を表す一部の自動詞（aller, venir, devenir, sortir, entrer, partir, arriver, rester, naître, mourir 等）　♪ no. 1-39

aller

je suis allé(e)		nous sommes allé(e)s	
tu es allé(e)		vous êtes allé(e)(s)	
il est allé		ils sont allés	
elle est allée		elles sont allées	

半過去の活用

語幹のあとに活用語尾を加える規則変化。

語幹

je -ais		nous -ions	
tu -ais		vous -iez	
il -ait		ils -aient	

　半過去の語幹は直説法現在の 1 人称複数の活用から語尾 -ons を除くことで作る.
aimer → nous aimons → aim- → j'aimais, tu aimais... nous aimions...
finir → nous finissons → finiss- → je finissais, tu finissais... nous finissions...
ただし、être は例外（→動詞変化表・ピロット 1, p.84）

3

▶練習1 次の動詞を直説法複合過去と半過去の両方で活用しましょう。

1) être

_____ _____   _____ _____
_____ _____   _____ _____
_____ _____   _____ _____

2) avoir

_____ _____   _____ _____
_____ _____   _____ _____
_____ _____   _____ _____

3) aller

_____ _____   _____ _____
_____ _____   _____ _____
_____ _____   _____ _____

4) voyager

_____ _____   _____ _____
_____ _____   _____ _____
_____ _____   _____ _____

5) faire

_____ _____   _____ _____
_____ _____   _____ _____
_____ _____   _____ _____

6) se lever

_____ _____   _____ _____
_____ _____   _____ _____
_____ _____   _____ _____

▶練習2 カッコ内の動詞を適切な過去時制に活用し、全体を訳しましょう。

1) Je (voir) 5 fois ce film au cinéma. Aujourd'hui, c'est donc la sixième fois !

_____

2) Quand je (être) jeune, je (faire) beaucoup de sport à cet endroit. (endroit 場所)

_____

3) Il (neiger) quand je (sortir). Il (faire) 1 degré ! (degré 度)

_____

4) Archimède (trouver) la solution à son problème pendant qu'il (prendre) son bain. (bain 風呂)

_____

▶練習3 〈対話〉に関して、録音を聞いて、正しい（vrai）か正しくない（faux）かを答えましょう。

♪ no.1-40
1) □ vrai □ faux   2) □ vrai □ faux   3) □ vrai □ faux   4) □ vrai □ faux

1 **Conjuguez les verbes au passé composé et/ou à l'imparfait.** 動詞を複合過去か半過去に活用
しましょう。

A. Je pars ce matin à 9 heures de chez moi.

_____

À 9 heures, il fait beau.

_____

J'arrive à l'Université à 9h40.

_____

B. Je vais dans le nord du Japon.

_____

Nous y restons huit jours.

_____

C'est intéressant et on s'amuse bien.

_____

2 à deux **Posez ces questions à un(e) camarade et répondez-y vous-même.** クラス
の人に質問し、あなた自身も答えましょう。

A. Où êtes-vous né(e) ?

Votre réponse : _____

Celle de votre camarade : _____

C'était quand ?

Votre réponse : _____

Celle de votre camarade : _____

Quel âge avaient vos parents ?

Votre réponse : _____

Celle de votre camarade : _____

Ils avaient déjà d'autres enfants ?

Votre réponse : _____

Celle de votre camarade : _____

B. Qu'est-ce que tu aimais quand tu étais enfant ?

Votre réponse : _____

Celle de votre camarade : _____

Tu faisais du sport ? Quel sport ?

Votre réponse : _____

Celle de votre camarade : _____

Tu faisais de la musique ?

Votre réponse : _____

Celle de votre camarade : _____

Quel est le premier film que tu as vu au cinéma ? C'était comment ?

Votre réponse : _____

Celle de votre camarade : _____

3 👂 **Écoutez le dialogue et répondez aux questions.** 会話を聞き、質問に答えましょう。

♪ no. 1-41

A. 1) Il y a combien de personnes qui parlent ? _____

2) De quoi parlent-ils ? _____

3) Où sont-ils allés ? _____

4) Dans la photo, quel temps fait-il ? _____

5) Dans la photo, est-ce qu'on voit un requin ? _____

6) Il y a combien de personnes dans la photo ? _____

B. Dessinez la photo de vacances dont parlent le couple.

Ａａ s'amuser 楽しむ ; retrouver 捜し出す ; croire 思う、信じる ; montrer 見せる ; au premier plan 前景 ; soleil couchant 夕日 ; coin 隅 ; au-dessus de 〜の上に ; requin サメ ; parasol パラソル ; tas 山 ; sable 砂 ; s'étonner 驚く ; fond 背景 ; milieu 真ん中 ; horizon 地平線 ; château 城 ; nuage 雲 ; agaçant 不愉快だ ; dessiner 描く ; couple 夫婦、一組の男女

Leçon 4　中性代名詞 le / 所有代名詞

対話　隣どうしで練習しよう

♪ no.1-42

Jérôme : Tiens, qu'est-ce que tu as ? Tu as l'air très énervée.

Pascale : Oui, je le suis. Ton président ne veut pas changer sa politique sociale.

Jérôme : Mon président ? Mais c'est aussi le tien !

Pascale : Absolument pas ! Je n'ai jamais voté pour lui, moi.

Jérôme : Mais c'est lui qui a été élu. Il est donc notre président à nous tous.

Pascale : Il a été élu, mais faute de mieux !

Jérôme : Mais ce qui est important pour un chef d'État, c'est ce qu'il fait une fois en place, non ?

Pascale : Justement, notre président, s'il veut vraiment l'être, doit nous écouter. Et il ne veut pas le faire !

Jérôme : Mais on ne peut rien faire avant les prochaines élections.

Pascale : Je le sais bien ! C'est pour ça que je suis en colère.

Aa 語彙　énervé イライラしている；politique 政治、政策；social 社会の；absolument 全然（〜ない）；voter 投票する；élu 選任された；à nous tous 私たち皆の（à は所有を示す）；faute de mieux 仕方なく、より良いものがないので；chef d'État 国家元首；une fois que... ひとたび〜したときに（ここでは qu'il est en place の qu'il est が省略されている）；en place 地位についている；en colère 怒っている

中性代名詞 le

1) 前に出てきた形容詞や名詞を受けて、補語となる。

   Tu es heureux ? – Oui, je le suis.

2) 前に出てきた文や節の内容を受けて、直接目的補語となる。

   Tu savais qu'il était marié ? – Oui, je le savais bien.

3) 動詞の不定形を受けて、直接目的補語となる。

   Je voulais y résister, mais je n'ai pas pu le faire.

─┤　人称代名詞と中性代名詞　├─

上記の用法のうち、(1) の場合には少し注意が必要です。たとえば、＜会話＞の始めから２行目、Oui, je le suis. の le を見てみましょう。これは前に出てきている énervée という形容詞を受けていますので、Oui, je suis énervée. の意味になります。このとき、énervée という形が女性形だからといって、*Oui, je la suis. というような、女性形にはなりません。中性代名詞と言われる所以です。

　人称代名詞との差をもう少しはっきりさせるために、短い応答の例文で中性代名詞が名詞を受ける場合と、人称代名詞を比較しておきましょう。

　　　　Vous êtes étudiants ? — Oui, nous le sommes.

　この場合は中性代名詞なので、*Oui, nous les sommes とは言えません。それに対し、人称代名詞の場合は

　　　　Vous aimez ces étudiants ? — Oui, nous les aimons.

のように、人称代名詞の複数形を使うというわけです。

所有代名詞　♪ no.1-43

			所有されるもの			
			男性単数	女性単数	男性複数	女性複数
所有する人	単数	1人称	le mien	la mienne	les miens	les miennes
		2人称	le tien	la tienne	les tiens	les tiennes
		3人称	le sien	la sienne	les siens	les siennes
	複数	1人称	le nôtre	la nôtre	les nôtres	
		2人称	le vôtre	la vôtre	les vôtres	
		3人称	le leur	la leur	les leurs	

＊英語の mine や yours などと同じ働きだが、フランス語の場合は、先に出ている名詞の性数によって形が違う。

練習1　下線部を適当な代名詞で受けて、肯定と否定の両方で答えましょう。

1) Je peux <u>entrer</u> ?

2) Elle est <u>malade</u> ?

3) Tu savais que cette maison appartient <u>à mon père</u> ? (appartenir à ～に属する)

4) <u>Tes parents</u> sont <u>professeurs</u> ?

練習2　（例）を参考に、所有代名詞を使って日本語をフランス語に訳しましょう。

（例）私の家は君の家よりも大きい。　Ma maison est plus grande que la tienne.

1) 私たちの部屋は彼らの部屋よりも小さい。

2) 彼のカメラは私のカメラと同じくらい高価だ。

3) 私の両親は君の両親よりも慎重 (prudent) でない。

4) 君のやり方 (façon) は僕のやり方よりも優れている。

練習3　〈対話〉に関して、録音を聞いて、正しい（vrai）か正しくない（faux）かを答えましょう。

♪ no.1-44
1) □ vrai　□ faux　　2) □ vrai　□ faux　　3) □ vrai　□ faux　　4) □ vrai　□ faux

1 Trouvez les deux bonnes réponses pour chaque question. 質問に対して正しい応答を２つえ
らびましょう。

1) Tu savais qu'il est déjà parti ?

    a. Oui, je le sais, il est maintenant en France.

    b. Non, il est encore là. Il partira demain.

    c. Si, il est déjà parti.

2) Je peux entrer ?

    a. Oui, tu le peux, mais attends encore deux secondes.

    b. Non, je ne le pense pas.

    c. Tu le veux vraiment ? C'est très dangereux !

3) Est-ce qu'il est malade ?

    a. Si, il veut l'être dans dix ans.

    b. Non, il ne l'est pas mais il a l'air très fatigué.

    c. Je ne sais pas ; je ne l'ai pas vu depuis longtemps.

4) Tu peux me prêter ton sac ? Le mien est trop petit.

    a. Oui, volontiers. Mais le mien non plus n'est pas très grand.

    b. Tiens, je te trouve en excellente santé aujourd'hui !

    c. Bien sûr, mais j'en ai plusieurs. Tu veux quel sac ?

2 à deux Posez les questions à un(e) camarade et répondez-y vous-même en utilisant un pronom possessif ou le pronom neutre « le ». クラスの人に質問し、あなた自身
も、所有代名詞か中性代名詞 le を用いて答えましょう。

1) Tu savais qu'il y a 5 semaines de vacances en France ?

Votre réponse : _____

Réponse de votre camarade : _____

2) Marie dit qu'elle ne peut pas promener les chiens ce soir. Tu peux le faire à sa place ?

Votre réponse : _____

Réponse de votre camarade : _____

3) Les chaussures de Tarô sont bleues. Les tiennes sont de quelle couleur ?

Votre réponse : _____

Réponse de votre camarade : _____

4) Le travail de Victor est d'écrire des livres. Quel est le vôtre ?

Votre réponse : _____

Réponse de votre camarade : _____

3 👂 **Écoutez l'enregistrement et répondez aux questions.** 会話を聞き、質問に答えましょう。

♪ no. 1-45

1) Qu'est-ce que Georges a dessiné ?

_____

2) Pourquoi il n'a pas dessiné la tête du lion ?

_____

3) Comment s'appelle le chat de Georges ?

_____

4) Quel est le dessin de Thibaud ?

_____

5) Quel est le dessin de Nathan ?

_____

6) Pourquoi il n'a pas dessiné la tête de l'animal ?

_____

7) Quel est le dessin d'Alice ?

_____

8) Qu'est-ce qu'elle a dessiné ?

_____

Aa excellent 素晴らしい ; maman ママ ; dessiner 描く ; dessin デッサン、絵 ; vouloir dire 言わんとする、意味する ; lion ライオン ; rentrer dans ～に収まる ; feuille 紙片、1枚 ; imaginé < imaginer 想像する ; à côté de ～のとなりに ; ben いやはや、何だって ; souris ハツカネズミ ; évident 明らかだ

5 Leçon 5　複数の代名詞

対話　隣どうしで練習しよう

♪ no.1-46

Julie : Tu peux me rendre mon livre sur l'histoire de France ?

Franck : Désolé, mais je l'ai prêté à Jérémy. Il voulait le lire.

Julie : Quoi ? Tu le lui as prêté ?

Franck : Je pensais que tu n'en avais plus besoin.

Julie : Mais c'est mon livre ! Ce n'est pas le tien !

Franck : Désolé. Je le lui reprendrai demain.

Julie : Ce n'est pas très grave, mais demande-moi d'abord la prochaine fois.

Franck : D'accord. Par contre, tu sais où est mon sac à dos ?

Julie : Oui, je m'en suis servi hier. Je l'aime parce qu'il est bien léger et solide.

Franck : Eh, mais c'est mon sac ! Rends-le-moi !

Julie : Si tu me rends mon livre d'histoire !

Aa 語彙　rendre 返す ; reprendre A à B B から A を取り戻す ; grave 重大だ ; par contre それはそうと、ところで ; dos 背中　(sac à dos) リュックサック ; solide 堅牢である

複数の代名詞の語順（肯定命令文以外の場合）

（1）**間接目的補語が1人称と2人称の場合**　＜間接目的補語→直接目的補語の順＞

$$\text{主語（ne）} \begin{Bmatrix} \text{me} \\ \text{te} \\ \text{nous} \\ \text{vous} \end{Bmatrix}_{\text{間接目的補語}} + \begin{Bmatrix} \text{le} \\ \text{la} \\ \text{les} \end{Bmatrix}_{\text{直接目的補語}} + \text{動詞 (pas)}$$

（2）**間接目的補語が3人称の場合**　＜直接目的補語→間接目的補語の順＞

$$\text{主語（ne）} \begin{Bmatrix} \text{le} \\ \text{la} \\ \text{les} \end{Bmatrix}_{\text{直接目的補語}} + \begin{Bmatrix} \text{lui} \\ \text{leur} \end{Bmatrix}_{\text{間接目的補語}} + \text{動詞 (pas)}$$

　　ややこしいのですが、重要なのは、**1人称・2人称の代名詞（me, te, nous, vous）はつねに3人称よりも前に置かれる**ということです。このとき、1・2人称はつねに間接目的補語になります。ここで不思議に思う人もいるでしょう。たとえば、2人称を直接目的補語、3人称を間接目的補語とするような文、「私は君を彼ら（両親）に紹介する」というような文はどう言ったらいいのか。

　　実際のところ、フランス語ではあまりそういう言い方はしません。それでもなお、そう言いたいならば、代名詞の強勢形を使って
　　　　　Je te présente à eux.
と言うことになりますが、これはあまり滑らかな表現ではない。それならば、「彼ら」の内実を普通名詞で示し、たとえば
　　　　　Je te présente à mes parents.
と言うのに留めておいたほうが明解でしょう。

　　フランス語において、代名詞の複数使用は全ての場合を網羅できるようなシステムにはなっておらず、ルールに合理性はありません。これは単に慣れの問題なのです。典型的な使用例を覚えて、それが自然に出てくるように練習しましょう。

複数の代名詞

18

複数の代名詞の語順（肯定命令文の場合）

	直接目的補語		間接目的補語		
動詞	le la les	–	moi nous toi vous lui leur	+ 動詞	(pas)

中性代名詞 y, en の語順

・y と en は人称代名詞の後、動詞の直前に置く。

Mes parents m'ont donné un kilo de pommes. Je vous en donne la moitié. （moitié 半分）

Si vous prenez un taxi, il vous y amène tout de suite. （amener 連れて行く）

・y と en を同時に使う時は、つねに y → en。

Combien de tomates y a-t-il dans le frigo ? – Il y en a dix.

練習1 下線部を適当な代名詞で受けて、肯定と否定の両方で答えましょう。

1) Tu as rendu ses livres à Paul ?

2) Vous offrez votre maison à vos enfants ?

3) Tu te souviens de cette histoire ?

4) Vous avez rencontré cet enfant dans le désert ? （désert 砂漠）

練習2 フランス語を聞き、書き取りましょう。　　♪no.1-47

1) （assurer 請け合う、保証する）

2) （toit 屋根）

練習3 〈対話〉に関して、録音を聞いて、正しい（vrai）か正しくない（faux）かを答えましょう。

♪no.1-48

1) □ vrai □ faux　　2) □ vrai □ faux　　3) □ vrai □ faux　　4) □ vrai □ faux

5

Leçon 5　Expression

1 **Complétez avec les pronoms.**　代名詞を使って空欄を埋めましょう。

1) — Les enfants doivent être à l'école à partir de 8 heures. Tu peux _____ amener en voiture ?

— Oui, je peux _____ faire. Du coup, je n'aurai pas le temps de faire la vaisselle. Je _____ _____ laisse ?

2) — J'ai deux chats et un chien. Je _____ ai appelés Socrate, Platon et Aristote parce que j'aime la philosophie.

— La philosophie, _____ ai fait au lycée et c'était difficile ! Je ne veux plus _____ entendre parler. Mes deux chiens s'appellent Croquette et Peluche.

3) — Monsieur l'agent, j'ai trouvé cette photo par terre.

— Ah bon ! Quelle surprise ! Elle est à moi !

— C'est _____ ? On voit tout Paris ! Où _____ avez-vous prise ?

— Je _____ ai prise depuis la tour Montparnasse !

4) — Je dois donner une écharpe à Sophie, mais je n'ai pas le temps...

— Donne-_____ - _____ , je vais _____ _____ donner à ta place.

— C'est très gentil de ta part. Tiens, j'ai ici un billet pour un concert de rock qui a lieu demain soir. Je _____ _____ donne si tu veux.

— Mais non, je ne peux pas _____ accepter.

— Prend-_____ ! La personne avec qui je devais y aller est malade. C'est dommage si je dois _____ jeter...

2 🎧 **Écoutez et trouvez les deux réponses correctes pour chaque question.**　録音を聞き質問 に対して正しい応答を２つえらびましょう。　♪ no. 1-49, 50, 51, 52

1) Vous allez à la banque pour retirer de l'argent ?

(a) _____

(b) _____

(c) _____

2) Il y a un train à 7 h 45.

(a) _____

(b) _____

(c) _____

3) Vous le leur avez dit ?

     (a) _____

     (b) _____

     (c) _____

4) Tu la vois souvent ?

     (a) _____

     (b) _____

     (c) _____

3 🧍🧍 à deux **Posez les questions à un(e) camarade et répondez-y vous-même en utilisant les pronoms.** クラスの人に質問し、あなた自身も代名詞を使って答えましょう。

1) Tu es déjà allé à l'étranger ?

  Votre réponse : _____

  Celle de votre camarade : _____

2) Est-ce que tu as des frères et sœurs ?

  Votre réponse : _____

  Celle de votre camarade : _____

3) Tu parles souvent avec eux du changement climatique?

  Votre réponse : _____

  Celle de votre camarade : _____

4) Tu as un ordinateur portable ? Tu l'as déjà prêté à quelqu'un ?

  Votre réponse : _____

  Celle de votre camarade : _____

Ⓐⓐ du coup だから、それで ; faire la vaisselle 食器洗い ; philosophie 哲学 ; lycée 高校 ; agent 警官 ; surprise 驚き ; de la part de... ～の側から（C'est très gentil de ta part でご親切にありがとう）; rock ロック ; lieu 場所 ; avoir lieu 起こる ; accepter 受け取る ; retirer（お金を）引き出す ; rarement めったに～ない ; changement climatique 気候変動

6 Leçon 6 　疑問代名詞 / 関係代名詞の lequel/quoi

疑
問
代
名
詞
、
関
係
代
名
詞

　　　　対話　隣どうしで練習しよう

♪ no.1-53

Aurélie : Eh ! Marc ! Tu as vu mes chaussures ?

Marc : Tu cherches lesquelles ? Tu en a tant !

Aurélie : Celles que tu m'as offertes pour mon anniversaire.

Marc : Elles ne traînent pas dans l'entrée ? J'ai vu là une paire tout à l'heure.

Aurélie : Non, ce sont les bottes avec lesquelles je suis allée travailler hier.

Marc : Mais c'était quand la dernière fois que tu les as portées ?

Aurélie : C'est le mois dernier, quand on est allés au musée... Tiens !

Marc : Tu te souviens où tu les as posées ?

Aurélie : Je me rappelle qu'elles me faisaient tellement mal aux pieds que je les ai données à ma sœur.

Marc : Ça m'étonne, elles m'ont coûté très cher !

Aurélie : De quoi tu t'étonnes ? Elles étaient trop petites pour moi.

A 語彙　tant de... あんなに多くの〜 （ここでは de chaussures を代名詞 en で示している）; traîner　打ち遣ってある ; entrée 玄関、入り口 ; botte ブーツ ; musée 美術館、博物館 ; poser 置く ; faire mal 傷つける、痛くする ; tellement とても ; pied 足

代名詞 lequel

	男性	女性
単数	lequel	laquelle
複数	lesquels	lesquelles

・「定冠詞 + 疑問形容詞 quel」の形式

疑問代名詞としての lequel 系統

・「どれ？」というように選択的に尋ねるときに用いる。
　De ces vélos, lequel est à Paul ? — C'est celui qui est rouge.
・前置詞 à と de が置かれると、定冠詞部分が縮約を起こす場合がある。
　Duquel de ses films parlez-vous ?
　Auquel de mes parents dois-je parler ?

関係代名詞としての lequel 系統

・主にモノに関して使われる関係代名詞で、基本的に前置詞とともに使われる。
　Sais-tu la raison pour laquelle elle est partie ?
　Voilà un message de notre présidente auquel nous devons répondre tout de suite.
　Ce petit parc, au milieu duquel se trouve une statue de Jeanne d'Arc, est très tranquille.
　（statue 像 ; tranquille 静かだ）
・ただし、« Il habite une maison dont le toit est rouge. »

22

quoi
• • • • • •

・モノを指す代名詞 que の強勢形。

1) 前置詞 + quoi

   À quoi penses-tu ?

2) 語尾を上げるだけの疑問文において、モノを表す目的補語として最後に置かれる。

   Tu achètes quoi ? = Qu'est-ce que tu achètes ? = Qu'achètes-tu ?

3) 関係代名詞として用いられる。先行詞になるのは、ce あるいは rien など、特定の機能語だけで、ce はときに省略される。

   C'est ce à quoi je pense. = C'est à quoi je pense.

▶ **練習1** 関係代名詞 lequel の系統を用いて、二つの文をつなげましょう。

1) Ce sont des cahiers. Il écrit dans ces cahiers ses réflexions.

2) C'est un blé français de meilleure qualité. On fait un très bon pain à partir de ce blé. (qualité 質 ; blé 小麦 ; à partir de... 〜から)

▶ **練習2** フランス語を聞き、書き取りましょう。　　♪no.1-54

1) (compter sur 〜をあてにする、頼る)

2) (température 温度 ; augmenter 増加する)

3)

4) (rivière 川)

▶ **練習3** 〈対話〉に関して、録音を聞いて、正しい（vrai）か正しくない（faux）かを答えましょう。

♪ no.1-55
1) □ vrai □ faux   2) □ vrai □ faux   3) □ vrai □ faux   4) □ vrai □ faux

1 **Complétez avec « lequel » (et ses dérivés).** 代名詞 lequel を使って空欄を埋めましょう。

1) C'est un problème _____ nous n'avons pas pensé.

2) Les bâtiments près _____ il y a un lac est un musée.

3) _____ de ces deux routes dois-je choisir ?

4) _____ de ces stylos est le vôtre ?

2 **Complétez avec « après lequel », « sans lequel », « pendant lequel » et « par lequel » (en transformant « lequel » si nécessaire).** 〈前置詞＋代名詞〉を使って空欄を埋めましょう。

1) Les oiseaux _____ courait le chat ont disparu.

2) J'étais à cette fête en plein air _____ l'orage a détruit toutes les tentes.

3) La route _____ je suis passée était encombrée de camions.

4) Voici ton passeport _____ tu ne pourras pas passer la frontière.

3 🎧 **Écoutez l'enregistrement et choisissez les deux réponses correctes.** 録音を聞き、質問に対して正しい応答を 2 つえらびましょう。　♪ no. 1-56, 57

1) _____

(a) Elle est étudiante en commerce.

(b) Elle est étudiante en première année.

(c) Je ne sais pas.

2) _____

(a) Rien de spécial, et toi ?

(b) J'ai fait du foot avec des amis.

(c) Ce week-end, je suis occupé. Mais le week-end prochain, je suis libre.

4  **Posez les questions à vos camarades et répondez-y vous-même.** クラスの
人に質問し、あなた自身も答えましょう。

1) Dans le train, tu fais quoi ?

Votre réponse : _____

Celle de votre camarade : _____

2) En général, de quoi tu parles avec tes parents ?

Votre réponse : _____

Celle de votre camarade : _____

3) À quoi tu penses le plus souvent ?

Votre réponse : _____

Celle de votre camarade : _____

4) La personne à laquelle tu ressembles le plus dans ta famille, c'est qui ? En quoi vous
vous ressemblez ?

Votre réponse : _____

Celle de votre camarade : _____

A a bâtiment 建物 ; lac 湖 ; disparaître 消える ; en plein air 戸外で ; orage 嵐 ; détruire 破壊する ; tente
テント ; route 道路 ; encombré 混雑している ; camion トラック ; passeport パスポート ; frontière 国境 ; libre
自由な、空いている ; occupé 予定がある、忙しい ; ressembler à 〜に似ている

Leçon 7　接続法現在の用法（1）（2）　être と avoir の接続法現在

例文

♪ no. 1-58

1. Vive la République ! Vive la France !

2. J'ai peur que nous n'ayons pas assez de temps pour finir ce travail.

3. Je doute que mes parents soient déjà à la station.

4. Nous voudrions que vous soyez plus prudent la prochaine fois.

5. Je suis contente que vous ayez ce livre.

6. Je ne suis pas sûr qu'ils aient raison de négocier dans ces conditions.

7. Je ne crois pas que sa femme soit aussi heureuse que lui.

8. Pensez-vous qu'il soit trop tard pour visiter le Jardin des plantes ?

Aa 語彙　république 共和国；douter 疑う；station（地下鉄の）駅；négocier 交渉する；condition 条件；jardin 庭園；plante 植物

接続法

　接続法は、ある事柄を、事実としてではなく、話者の想念として述べる場合に用いられます。たとえば、次の２つの文を比べてみてください。

　　　　Je sais qu'il vient.　　　　「私は彼が来ることを知っている」
　　　　Je veux qu'il vienne.　　　　「私は彼が来ることを望む」

「私が知っている」と言うとき、その内容は事実として提示されています。この場合、直説法が使われます。一方、「私が望む」というときには、その内容は事実ではなく話者の希望でしかありません。従って、直説法ではなく接続法で言わなければいけないのです。

　この説明を聞いてすぐに納得することは難しいと思うのですが、そもそも、フランス語だけではなくヨーロッパの言語には接続法がつきものです。これらの言語は、ある叙述が「事実」かどうか、ということへ強いこだわりを示すもののようです。

　というと、英語にはそんなのないぞ、という反論が聞こえてきそうですが、英語にも接続法はあります。「私は彼が来ることを望む」を "I want that he come." と表現すること、つまり、comes ではなく come となるこの現象を、「仮定法現在」という呼び名で習った人もいるでしょう。英語の接続法（仮定法）は現在ではかなり退化してしまっていて、日常に現れることはないのですが、ちょっと古風な表現においてはまだ生き残っています。アメリカの大統領が演説を終える際、« God bless America. » と言うのを耳にしたことはあるでしょう。この bless はなぜ blesses でないのか。そう、これが接続法現在です。これは「神がアメリカを祝福する」という事実を述べるのではなく、「神がアメリカを祝福すること」を想念として示す。その上で「かくあれかし」と祈願するわけです。

　それでは、フランスではどうか。フランスの大統領が演説する際、その最後は例文１のような表現で締めくくられます。「共和国万歳、フランス万歳」というわけで、神様などは持ち出さないで人間による制度たる「共和国」に依拠するのがフランスらしいところです。そして、この vive も vivre「生きる」の接続法現在です。これもやはり祈願文で、「フランスが生きますように。共和国が生きますように」。もちろん、「生きる」というのは比喩で、今や完全に定型となったこの文で「生きる」という意味はほとんど意識されないでしょうが。

接続法の用法（1）（2）

(1) 主節が意思、願望、命令、疑惑、懸念、感情などを表す文の従属節中で接続法が使われる (例文 2 〜 5)。

(2) 主文が否定や疑問のニュアンスを持つとき、接続法が使われることがある（例文 6 〜 8）。

接続法の活用（1）être と avoir　♪ no.1-59, 60

être					
que	je	sois	que	nous	soyons
que	tu	sois	que	vous	soyez
qu'	il	soit	qu'	ils	soient

avoir					
que	j'	aie	que	nous	ayons
que	tu	aies	que	vous	ayez
qu'	il	ait	qu'	ils	aient

▶ 練習1 フランス語を聞き、書きとりましょう。　♪ no.1-61, 62

1) (tout le monde 全員)

2) (ticket 切符 ; métro 地下鉄)

3) (ski スキー)

4)

▶ 練習2 次の文のカッコ内の動詞を接続法現在で活用し、全文を日本語にを訳しましょう。

1) J'ai peur qu'ils (　　　　) en retard, parce qu'il y a eu un accident au métro. (être)

2) On demande que chacun (　　　　) sa pièce d'identité. (avoir) (pièce d'identité 身分証明証)

3) Mes parents doutent qu'il y (　　　　) des billets d'avion pas chers. (avoir)

4) Nous ne croyons pas qu'il (　　　　) encore possible de sauver cette société. (être) (sauver 助ける)

7

27

1 **Choisissez la phrase correcte.** 応答にふさわしい文をえらびましょう。

1) (a) Le train a eu une panne ?

(b) L'avion coûte plus cher que le train ?

— Oui, je crains qu'il ait plusieurs heures de retard.

2) (a) Qu'est-ce que votre mère vous a dit ?

(b) La fête finit à quelle heure ?

— Elle veut que nous soyons à la maison pour minuit.

3) (a) Je m'inquiète de la maladie de ma mère.

(b) Je suis rassuré que ma mère soit en bonne santé.

— Je ne pense pas que vous ayez à vous faire du souci.

4) (a) Marie est une employée idéale ! Elle arrive toujours à l'heure.

(b) Marie arrive tous les jours avec une demi-heure de retard !

— Qu'elle soit dans mon bureau dans une heure !

2 **à deux** **Posez les questions à un(e) camarade et répondez-y vous-même.** クラスの人 に質問し、あなた自身も答えましょう。

1) Tu ne crois pas que les hommes soient trop nombreux sur Terre ?

Votre réponse : _____

Réponse de votre camarade : _____

2) Tu n'as pas l'impression que nous consommions trop d'énergie ?

Votre réponse : _____

Réponse de votre camarade : _____

3) Penses-tu que ce soit déjà trop tard pour sauver notre planète ?

Votre réponse : _____

Réponse de votre camarade : _____

4) Es-tu sûr que nous ayons une vie aussi heureuse que nos parents ?

Votre réponse : _____

Réponse de votre camarade : _____

3 🦻 **Écoutez le dialogue et répondez aux questions.** 会話を聞き、質問に答えましょう。

♪ no. 1-63

1) À votre avis, où a lieu la conversation entre les deux personnages ?

_____

2) Les deux amis ont prévu de prendre le train de quelle heure ?

_____

3) Le train part de quelle voie ?

_____

4) Le train partira à quelle heure finalement ?

_____

5) Le trajet dure combien de temps ?

_____

6) Laurent est-il en colère parce que le train a du retard ? Pourquoi ?

_____

7) Léa va-t-elle aussi acheter quelque chose ?

_____

8) Qu'est-ce que les deux personnages auront à manger et à boire dans le train ?

_____

🅐ⓐ panne 故障；craindre 心配する；maladie 病気；rassuré 安心した；souci 心配；idéal 理想的な；demi-heure 30分；nombreux 数が多い；impression 印象；consommer 消費する；énergie エネルギー；planète 惑星；grave 深刻だ；tant pis 仕方がない；se dépêcher 急ぐ；voie（駅の）ホーム；vérifier 確かめる；boisson 飲み物；à propos ところで；demi 半分；environ（副詞）おおよそ；chocolat チョコレート；sandwich サンドイッチ；avis 考え、意見；entre 〜の間で；conversation 会話；personnage 人物；prévoir 想定する；colère 怒り

Leçon 8　接続法現在の用法（3）

> 対話　隣どうしで練習しよう

♪ no.1-64

Tarô : Tu viens samedi soir à la soirée chez Michèle ?

Élise : Oui, bien sûr ! Elle veut nous présenter son nouveau copain, c'est ça ?

Tarô : C'est ça. Elle est avec lui depuis un mois et elle veut qu'il vienne habiter chez elle.

Élise : Ah bon ? Un mois, ce n'est pas long.

Tarô : Mais elle dit qu'ils s'entendent très bien.

Élise : Oui, mais il est possible qu'ils cassent juste après.

Tarô : Tu es bien sceptique, toi.

Élise : Mais il vaudrait mieux qu'elle attende encore un peu, non ?

Tarô : Je ne sais pas... elle hésite, elle aussi, et elle veut avoir l'avis de ses amis.

Élise : C'est pour ça qu'elle nous montre son copain !

Tarô : Oui ! En fait, je lui ai dit qu'il fallait d'abord qu'on connaisse la personne.

(*à suivre*)

Ａａ 語彙　s'entendre 理解し合う ; casser 恋愛で破局する ; sceptique 懐疑的だ、疑い深い ; valoir (> vaudrait) 〜の価値がある ; il vaut mieux que ＋接続法 〜するほうがよい ; personne 人物 ; à suivre 続く

接続法の用法（3）

（3）形式主語に il を立てる非人称の表現で、話者の意志や判断を示すものに接続法が使われることがある。

　　a) il faut que..., il vaut mieux que... などの動詞を用いた表現。

　　b) 非人称の il est［形容詞］que... において、形容詞が話者の判断を示すもの。（possible, nécessaire, étrange, normal, naturel, douteux 等）

接続法の活用（2）être と avoir 以外

・活用語尾は、être と avoir 以外の全ての動詞に共通。

je	-e	nous	-ions
tu	-es	vous	-iez
il	-e	ils	-ent

・基本的に、直説法現在 3 人称複数（ils）と同じ語幹をとる。　　　　♪ no.1-65, 66, 67

finir

que je finisse	que nous finissions
que tu finisses	que vous finissiez
qu' il finisse	qu' ils finissent

dire

que je dise	que nous disions
que tu dises	que vous disiez
qu' il dise	qu' ils disent

écrire

que j' écrive	que nous écrivions
que tu écrives	que vous écriviez
qu' il écrive	qu' ils écrivent

＊ただし、いくつかの動詞に関しては不規則な語幹を示す。

faire → fass- → que je fasse, que tu fasses...　　pouvoir → puiss- → que je puisse, que tu puisses...

savoir → sach- → que je sache, que tu saches...　　aller → aill- → que j'aille, que tu ailles...

vouloir → veuill- → que je veuille, que tu veuilles...

＊接続法現在は基本的に、nous と vous について、半過去と同じ活用になる。ところが、「接続法現在の語幹は直説法現在の ils の活用から取ってくる」という原則に従うと、nous と vous が半過去と一致しない場合が出てきてしまう。たとえば、venir → ils viennent なので、原則に従えば

que je vienne, que tu viennes, qu'il vienne, *que nous viennions, *que vous vienniez, qu'ils viennent

となりそうである。しかし、nous と vous の接続法現在は、ほとんどの場合、半過去に合わせることを優先する。venir の場合は、

que je vienne, que tu viennes, qu'il vienne, que nous venions, que vous veniez, qu'ils viennent

とするのが正しい。

ただし、faire, savoir, pouvoir の 3 つの動詞に関しては、接続法現在の語幹の一貫性を優先する。従って、

que je fasse, que tu fasses, qu'il fasse, que nous fassions, que vous fassiez, qu'ils fassent

que je sache, que tu saches, qu'il sache, que nous sachions, que vous sachiez, qu'ils sachent

que je puisse, que tu puisses, qu'il puisse, que nous puissions, que vous puissiez, qu'ils puissent

▶ 練習1　次の動詞の接続法現在の活用を書き発音しましょう。

1) tenir

_____　_____

2) pouvoir

_____　_____

_____　_____

_____　_____

3) boire

_____　_____

4) aller

_____　_____

_____　_____

_____　_____

5) réussir

_____　_____

6) donner

_____　_____

_____　_____

_____　_____

▶ 練習2　次の文のカッコ内の動詞を接続法現在で活用し、全文を日本語に訳しましょう。

1) Il est encore possible qu'il (　　　　　　) assez chaud pour aller nager cet après-midi. (faire)

_____

2) Il faut que tu (　　　　　) la vérité et que tu (　　　　　　) une décision. (savoir, prendre)

_____

3) Il est toujours nécessaire que vous (　　　　　　) attention à ce que vous dites. (faire)

_____

4) Il faudra que nous (　　　　　　) à l'escalier si l'ascenseur ne marche pas. (monter) (escalier 階段 ; ascenseur エレベーター)

_____

8

Leçon 8 **Expression**

1 **Choisissez la bonne question.** 応答にふさわしい質問をえらびましょう。

1) (a) Tu dois te coucher tard ce soir ?
   (b) Tu dois te coucher tôt ce soir ?
   — Oui, il faut que je reçoive mes amis à la gare demain à 6 heures.

2) (a) Marc n'est pas encore arrivé. Que faisons-nous ?
   (b) Marc ne viendra pas. Que faisons-nous ?
   — Je ne pense pas qu'il soit là avant le départ de l'avion. Allons-y.

3) (a) J'ai mal au dos depuis une semaine. Que puis-je faire ?
   (b) Je vais mieux depuis une semaine. Dois-je aller voir un médecin ?
   — Il vaut mieux que vous alliez rapidement voir un docteur.

4) (a) Dans ce quartier, faut-il faire attention en sortant le soir ?
   (b) Jusqu'à quelle heure puis-je rester dehors ce soir ?
   — Dans tous les quartiers, il vaut mieux que vous ne sortiez pas seule le soir.

2 **à deux** **Posez ces questions à vos camarades et répondez-y vous-mêmes en utilisant le subjonctif.** クラスの人に質問し、あなた自身も接続法を使って答えましょう。

1) Où faut-il que tu ailles ce week-end ?

Votre réponse : _____

Celle de votre camarade : _____

2) Qu'est-ce qu'il faut que tu aies pour sortir sous la pluie ?

Votre réponse : _____

Celle de votre camarade : _____

3) Quand faut-il que tu sois à la gare le matin pour être à 9 heures à l'université ?

Votre réponse : _____

Celle de votre camarade : _____

4) Il vaut mieux que tu te lèves à quelle heure le matin pour arriver à 9 heures à l'université ?

Votre réponse : _____

Celle de votre camarade : _____

32

3 🔊 **Écoutez le dialogue, dessinez l'itinéraire de la personne jusqu'à sa destination finale, puis répondez aux questions.** 会話を聞き、目的地までの道順を絵に書き入れ、質問に答えましょう。　♪ no. 1-68

（地図：GARE、BOULANGERIE、SUPERMARCHÉ、ÉCOLE、CINÉMA、MUSÉE、BOULANGERIE、POSTE、BANQUE no、LIBRAIRIE）

1) Quelle est la première destination où souhaite aller la personne ?

_____

2) Pour s'y rendre, doit-elle traverser ou contourner le parc ?

_____

3) La poste se trouve à quelle distance du parc ?

_____

4) Où la personne souhaite-t-elle aller finalement ?

_____

5) Que lui conseille-t-on de faire en chemin ?

_____

6) Pourquoi la personne lui recommande cette boulangerie-là ?

_____

🅐 rapidement 速く ; docteur お医者さん ; quartier 地区 ; dehors 屋外 ; traverser 横切る ; sortie 出口 ; se rendre à ～へ行く ; simple 単純だ ; deuxième 2番目の ; ainsi そうしたら ; avenue 大通り ; feu 火、信号機 ; boulangerie パン屋 ; rez-de-chaussée 1階、地上階 ; car というのも ; sur place その場で ; bâtiment 建物 ; habitué 常連 ; repos 休み ; information 情報 ; chemin 道

Leçon 9　接続法過去の活用　接続法の用法（4）(5)

接続法現在の用法（4）(5)

対話　隣どうしで練習しよう

♪ no.1-69

Élise : Alors, tu l'as trouvé comment, le nouveau copain de Michèle ?

Tarô : Et bien, je l'ai trouvé bien jusqu'à ce qu'il ouvre la bouche.

Élise : Tu es vraiment mauvaise langue ! Je ne crois pas qu'il ait dit quelque chose de mal.

Tarô : Non, mais il ramenait toujours tout à lui, c'était fatigant à la fin.

Élise : Toi, tu es jaloux !

Tarô : Comment ça jaloux. Il n'avait rien qui puisse provoquer ma jalousie.

Élise : Et bien, moi je l'ai trouvé tout à fait charmant bien que je n'aie pas compris tout ce qu'il disait quand il nous a parlé de philosophie...

Tarô : Franchement, est-ce qu'il avait besoin de nous parler de Descartes dans une soirée entre amis ?

Élise : Écoute Tarô ! Je voudrais que tu sois plus tolérant. Et très franchement, je doute qu'il t'ait beaucoup apprécié, tu n'as fait que boire.

Tarô : (Soupir)

Ａａ 語彙　jusqu'à ce que... (接続句)〜までは ; bouche 口 ; langue 舌 ; croire 思う、信じる ; ramener A à B A を B に持ってゆく ; à la fin しまいには ; jaloux うらやんでいる ; provoquer ひきおこす ; jalousie 嫉妬 ; charmant 魅力的だ ; bien que... (接続句)〜ではあるが ; philosophie 哲学 ; entre (前置詞)〜の間で ; tolérant 寛大な ; apprécier (高く) 評価する ; ne faire que... 〜しかしない ; soupir ため息

接続法の時制　♪ no.1-70, 71

・接続法過去は直説法でいえば複合過去にあたる。活用も、直説法複合過去の助動詞 avoir あるいは être を接続法現在にすることで得られる。

<table>
<tr><th colspan="4">donner</th></tr>
<tr><td>que j'</td><td>aie donné</td><td>que nous</td><td>ayons donné</td></tr>
<tr><td>que tu</td><td>aies donné</td><td>que vous</td><td>ayez donné</td></tr>
<tr><td>qu' il</td><td>ait donné</td><td>qu' ils</td><td>aient donné</td></tr>
</table>

<table>
<tr><th colspan="4">aller</th></tr>
<tr><td>que je</td><td>sois allé(e)</td><td>que nous</td><td>soyons allé(e)s</td></tr>
<tr><td>que tu</td><td>sois allé(e)</td><td>que vous</td><td>soyez allé(e)(s)</td></tr>
<tr><td>qu' il</td><td>soit allé</td><td>qu' ils</td><td>soient allés</td></tr>
</table>

接続法の用法（4）(5)

（4）接続法を要求する従位接続詞

    a)　譲歩 (bien que..., quoique..., qui que... quoi que...)

    b)　目的（pour que...）

    c)　期限（avant que..., jusqu'à ce que...）

(5) 関係節において、先行詞が「存在しないもの」「存在が確かでないもの」である場合

Je n'ai rien qui soit utile pour vous. (utile 有用な)

Y a-t-il, parmi vous, quelqu'un qui ait été témoin de cet accident ? (témoin 証人)

La police cherche quelqu'un qui ait été témoin de cet accident.

Je voudrais une secrétaire qui écrive bien.

練習1 次の動詞の接続法過去の活用を書き、発音しましょう。

1) venir

2) boire

3) vouloir

4) se servir

練習2 次の文のカッコ内の動詞を接続法過去に活用し、全文を日本語に訳しましょう。

1) Bien qu'il (　　　　　) très sérieux, il a échoué au concours. (être) (sérieux 真面目だ ; échouer 失敗する ; concours 選抜試験)

2) Quoi qu'il vous (　　　　　), je suis certain qu'il ne le pensait pas. (dire) (certain 確信している)

3) Le nouveau professeur a continué d'expliquer jusqu'à ce que tous les élèves (　　　　　). (comprendre) (expliquer 説明する)

4) Je ne crois pas que le directeur (　　　　　) la proposition des syndicats. (accepter) (syndicat 組合)

1 **Conjugez les verbes indiqués au présent ou au passé du subjonctif.** 動詞を指示のとおり
接続法現在か過去に活用しましょう。

1) Nous voudrions que tu (dire : présent) la vérité avant qu'il (être : présent) trop tard.

   _____

2) Elles ne croient pas que nous (pouvoir : présent) y arriver si facilement.

   _____

3) Quoi que tu (faire : passé), je resterai ton ami.

   _____

4) Je resterai jusqu'à ce que vous (terminer : passé).

   _____

2 **à deux** **Posez ces questions à vos camarades et répondez-y vous-mêmes.** クラス
の人に質問し、あなた自身も答えましょう。

1) Tu voudrais un travail qui soit comment ?

   Votre réponse : _____

   Celle de votre camarade : _____

2) Tu voudrais que tes amis soient comment ?

   Votre réponse : _____

   Celle de votre camarade : _____

3) Tu serais prêt à vivre à la campagne sous quelle condition ?

   Votre réponse : _____

   Celle de votre camarade : _____

4) Tu aimerais que la priorité dans la société soit quoi ?

   Votre réponse : _____

   Celle de votre camarade : _____

A. 🦻 **Dictée : écrivez les 4 questions.** 音声を聞き、４つの質問を書き取りましょう。 ♪ no.1-72

i) _____

ii) _____

iii) _____

iv) _____

B. **Complétez avec les expressions indiquées.** 指定の表現を使って空欄を埋めましょう。

1) _____ elle vienne au bureau souvent en retard, je la trouve bien sympathique.

2) Vous le pourrez, _____ vous ayez fini vos devoirs pour demain.

3) Je voudrais voyager le plus possible _____ je sois trop vieux.

4) _____ tu n'y aies séjourné longtemps, tu ne peux connaître la culture d'un pays.

bien que	avant que	à condition que	à moins que

C. **Associez correctement les questions (A) aux réponses (B) de l'exercice 4.** A の質問に対して正しい B の応答を選びましょう。

< question >   < réponse >

i)   →

ii)   →

iii)   →

iv)   →

Ⓐⓐ facilement 容易に ; terminer 終える ; prêt à ～の心構えができた、準備ができた ; campagne 田舎 ; priorité 優先性 ; jeu vidéo ビデオゲーム ; sympathique 感じが良い ; séjourner 滞在する

Leçon 10　直説法大過去・条件法過去

対話　隣どうしで練習しよう

♪ no.1-73

Hugo : On rentre déjà ? Ce zoo est magnifique !

La mère : La journée touche à sa fin. Regarde, le soleil commence à se coucher.

Hugo : Justement, on va pouvoir prendre de belles photos des animaux.

La mère : Tu plaisantes ? Tu veux dormir ici entre les lions et les éléphants ?

Hugo : Mais on commence à peine à s'amuser.

La mère : Si nous étions partis plus tôt, nous aurions pu rester plus longtemps.

Hugo : J'avais préparé toutes mes affaires, mais c'est mon réveil qui n'a pas sonné...

La mère : Je t'avais dit qu'il fallait en changer la pile.

Hugo : Mais si tu avais roulé plus vite, on serait arrivés plus tôt...

La mère : Ou bien nous aurions eu un accident, et nous ne serions jamais arrivés !

Aa 語彙　zoo 動物園 ; toucher à... 〜に近づく ; fin 終わり ; se coucher（太陽が）沈む ; éléphant 象 ; à peine ほとんど〜ない ; réveil　目覚し時計 ; pile 電池 ; rouler 運転する

直説法大過去　♪ no.1-74, 75

donner		aller	
j' avais donné	nous avions donné	j' étais allé(e)	nous étions allé(e)s
tu avais donné	vous aviez donné	tu étais allé(e)	vous étiez allé(e)(s)
il avait donné	ils avaient donné	il était allé	ils étaient allés

・英語の過去完了に相当し、過去の時点ですでに起こっていた出来事を表す。

　　フランス語の複合過去の特徴として、出来事が起こった順番に述べてゆくという原則があります。たとえば、

Pour mon anniversaire, tu m'as offert une paire de bottes que j'ai donnée à ma sœur.

「誕生日にあなたはブーツを買ってくれたけど、それは妹にやってしまった。」
というような場合、1つ目の出来事（ブーツを買ってもらったこと）と2つ目の出来事（ブーツを妹に与えたこと）は、ここで語られる順番で生起しています。それでは、この順番を変えて語りたいときはどうしたらいいでしょう。単純に順番をかえて

J'ai donné à ma sœur la paire de bottes que tu m'as offerte pour mon anniversaire.

とすると、語る順番と出来事が起こった順番が逆になって、脈絡が合わない文になってしまいます。このようなとき、過去のある時点よりも前に起こった事柄を表す時制、「大過去」を用います。上の例であれば、

J'ai donné à ma sœur la paire de bottes que tu m'avais offerte pour mon anniversaire.

となります。

条件法過去　♪ no.1-76, 77

donner

j' aurais donné	nous aurions donné
tu aurais donné	vous auriez donné
il aurait donné	ils auraient donné

aller

je serais allé(e)	nous serions allé(e)s
tu serais allé(e)	vous seriez allé(e)(s)
il serait allé	ils seraient allés

・過去に関する仮想をあらわす。（英語の「仮定法過去完了」に相当する。）
・基本的な使い方は、Si + 直説法大過去 , 条件法過去という形式になる。

> たとえば、
> 　　Si j'avais beaucoup de temps, je n'hésiterais pas.
> であれば、「あまり時間がないので、迷っている」ということを現在の事実として前提とした上で、「時間がたくさんあれば、迷わないわよ。」と言っているわけですが、この時制を一つ過去にずらして、
> 　　Si j'avais eu beaucoup de temps, je n'aurais pas hésité.
> と言えば、「あまり時間がなかったので、迷った」という前提の上で、「時間がたくさんあったなら、迷わなかったんだけど。」となるわけです。

10

▶ **練習1** 次の動詞をカッコ内の時制で活用しましょう。

1) savoir（直説法大過去）

2) avoir（直説法大過去）

3) mourir（条件法過去）

4) se trouver（条件法過去）

▶ **練習2** 次のカッコ内の動詞を直説法大過去か条件法過去に活用し、全体を訳しましょう。

1) Si tes sœurs (être) chez elles, nous (pouvoir) entrer.

2) Plutôt que de marcher, si nous (prendre) un taxi, nous (arriver) à l'heure.

▶ **練習3** 次の日本語をフランス語に訳しましょう。

1) ぼくがライオンだったら、おまえを食べてしまっただろう！

2) 私たちがゾウだったら、あの部屋は小さすぎただろう。

1 🎧 **Choisissez la phrase qui ne contredit pas la phrase lue.** 読み上げられた文の内容と合致する

ものをえらびましょう。 ♪ no.1-78, 79, 80, 81

1) _____

(a) Comme vous aimez le vin, j'en ai acheté plus.

(b) Comme vous aimez le vin, j'aurais dû en acheter plus.

(c) Comme vous aimez le vin, j'en achèterai plus.

2) _____

(a) Françoise doit participer à ce marathon.

(b) Françoise ne participera pas à ce marathon.

(c) Françoise a participé à ce marathon.

3) _____

(a) Le nombre d'espèces animales a beaucoup diminué.

(b) Le nombre d'espèces animales diminue beaucoup.

(c) Le nombre d'espèces animales va beaucoup diminuer.

4) _____

(a) Nous avons invité notre père au restaurant.

(b) Notre père ne nous a pas invités au restaurant.

(c) Nous n'avons pas invité notre père au restaurant.

2 👥 à deux **Posez ces questions à vos camarades et répondez-y vous-mêmes en utilisant le conditionnel.** クラスの人に質問し、あなた自身も条件法を使って答えましょう。

1) Si tu avais été français, tu aurais voulu t'appeler comment ?

Votre réponse : _____

Celle de votre camarade : _____

2) Qu'aurais-tu fait il y a dix ans si tu avais su ce que tu es aujourd'hui ?

Votre réponse : _____

Celle de votre camarade : _____

3 **En regardant le dessin, complétez les phrases avec les verbes suivants, à l'affirmatif ou au négatif.** 絵を見て、次の動詞を肯定形あるいは否定形で用いて下線部を埋めましょう。

être
avoir lieu
retrouver
traverser
devoir
pouvoir

1) Selon les informations télévisées, il y _____ un accident.

2) Comme il avait plu la veille, le conducteur de la moto _____ conduire si vite.

3) S'il n'avait pas porté de casque, il _____ gravement blessé.

4) D'après le conducteur, un renard _____ la route juste devant lui.

5) Selon les journalistes, la police _____ la trace du renard.

6) Cet accident _____ être évité ? Difficile à dire !

A a d'après ～によれば；participer à ～に参加する；marathon マラソン；scientifique 科学者；nombre 数；espèce 種、種類；diminuer 減少する；sinon そうでなければ；il y a（前置詞句）～だけ以前に；informations télévisées テレビニュース；veille 前日；conducteur 運転者；moto バイク；casque ヘルメット；gravement 深刻に；blesser 傷つける；trace 足跡；renard きつね；éviter 避ける

10

11 Leçon 11 **直説法前未来**

対 話 　隣どうしで練習しよう

♪ no.2-01

Gabriel : Dis donc ! Tu pars très tôt ce matin !

Emma : Oui, je dois déjà aller travailler, j'ai une réunion à 8h au bureau.

Gabriel : Il y a quelque chose que je peux faire pour toi ?

Emma : Dès que tu auras fini de manger, tu feras la vaisselle ?

Gabriel : Bien sûr. D'ailleurs, je m'en occupe toujours moi-même. Quelque chose d'autre ?

Emma : Quand tu seras habillé, tu pourras descendre la poubelle ?

Gabriel : D'accord, mais c'est ce que je fais tous les jours. C'est tout ?

Emma : Non, il y a encore une chose.

Gabriel : Je t'écoute...

Emma : Quand tu auras amené les enfants à l'école, tu téléphoneras au propriétaire au sujet de la fenêtre cassée, et ...

Gabriel : Attends un peu ! Je veux bien, mais avec tout ça, je ne serai pas au travail avant midi...

Ａa 語彙　réunion 会議；dès que... 〜するやいなや、するとすぐに；d'ailleurs それに、そもそも；s'occuper de 〜を担当する；habillé（外出できる）服を着ている；descendre（他動詞として）下ろす；poubelle　ごみ箱、ごみ；propriétaire 所有者、大家；au sujet de... 〜について

直説法前未来　♪ no.2-02, 03

donner				aller			
j' aurai donné		nous aurons donné		je serai allé(e)		nous serons allé(e)s	
tu auras donné		vous aurez donné		tu seras allé(e)		vous serez allé(e)(s)	
il aura donné		ils auront donné		il sera allé		ils seront allés	

・前未来はふつう未来時制とともに用いられ、「将来の一時点までに終えられているはずの行為」を表す。

<対話>の中で用いられている例を見てみましょう。

　　　Dès que tu auras fini de manger, tu feras la vaisselle ?
　　　Quand tu auras amené les enfants à l'école, tu téléphoneras au propriétaire [...]

いずれも、「食べ終わったら、食器を洗ってね」「子供を学校に連れて行ったら、大家さんに電話してね」というように、順番に行うべき行動を指示している箇所です。これらの文では、指示を実行する順番に意味があるので、それをはっきりと示すために前未来の時制が使われています。朝ごはんを食べる前に食器洗いをするはずがありませんし、まずは子供を学校に連れて行ってから（フランスでは子供が小さい間、両親が果たすべき最重要任務です）、他の家事をする必要があるわけです。このような場合、やはり「未来における完了形」である前未来を使わないで表現することは困難です。

　未来形を伴わないで前未来を使うこともあります。典型的なのは次のような例です。

　　　Tu seras rentrée avant sept heures.　「7時までには帰りなさいね」

これは

　　　Tu rentreras avant sept heures.

と言っても実質的には変わらないのですが、「7時には帰ってきていて、そこにいる」という完了の様相を強調している、ということになります。このような場合も、「7時」という未来の1時点が基準となって、「それ以前」と言っています。

11

▶練習1　次の動詞の前未来の活用を書きなさい。

1)　terminer
　　_____　_____

2)　partir
　　_____　_____

3)　prendre
　　_____　_____

4)　s'en aller
　　_____　_____

▶練習2　フランス語を聞き、書き取りましょう。　♪ no.2-04

1)　_____

2)　_____

▶練習3　〈対話〉に関して、録音を聞いて、正しい（vrai）か正しくない（faux）かを答えましょう。

♪ no.2-05
1)　□ vrai　□ faux　　　2)　□ vrai　□ faux　　　3)　□ vrai　□ faux　　　4)　□ vrai　□ faux

1 👥 **à deux** **Posez ces questions à vos camarades et répondez-y vous-même.** クラスの
人に質問し、あなた自身も答えましょう。

1) Quand tu auras trouvé un travail, tu feras quoi le week-end ?

Votre réponse : _____

Celle de votre camarade : _____

2) Quand tu te seras marié(e), tu voudrais habiter où ?

Votre réponse : _____

Celle de votre camarade : _____

3) Tu penses que dans 20 ans, les robots auront remplacé les hommes au travail ?

Votre réponse : _____

Celle de votre camarade : _____

4) Dans 100 ans, tu crois que la vie des hommes aura changé comment ?

Votre réponse : _____

Celle de votre camarade : _____

2 👂 **A. Écoutez l'interview. Et notez les informations importantes.** インタビューを聞き重要な
情報をメモしましょう。　　♪ no.2-06

_____

_____

_____

_____

B. Complétez le dialogue entre la fille et le père qui ont écouté l'interview. このイン
タビューを聞いた父と娘の会話を聞き、空欄を埋めましょう。　　♪ no.2-07

Fille　Tu le savais ? Dans _____ ans, la _____ de la terre aura augmenté
de _____ degrés !

Père　Oui, on en parle beaucoup depuis _____ ans. Et je sens vraiment que les
_____ et les hivers sont de plus en plus chauds !

Fille   C'est vrai ?

Père   Bien sûr. C'est à cause des gaz à effet de serre. Ils retiennent la chaleur, qui
          sinon _____ vers l'espace. D'ailleurs, comme le dit la scientifique Juzel, il
          _____ beaucoup de choses graves !

Fille   Oui, elle dit que les _____ auront recouvert les _____ où les hommes
          habitent _____ .

Père   Tout à fait. C'est terrible. Et les ouragans _____ chaque année plus
          de dommages...

Fille   Il faut absolument changer notre _____ tout de suite.

Père   Tu penses que c'est _____ ?

Fille   Évidemment ! Sinon, on devra vivre _____ d'un endroit à un autre.

C. Réécoutez l'interview et relisez le dialogue, puis répondez aux questions. インタ
ビューと対話を再度聞き、質問に答えましょう。

1) Quelle est la principale cause de l'augmentation des gaz à effet de serre dans
   l'atmosphère ?

   _____

2) Comment le changement climatique touchera-t-il la vie des hommes ?

   _____

3) Comment faire pour que le climat change moins vite ?

   _____

4) Sentez-vous les effets du changement climatique dans votre vie de tous les jours ?

   _____

Aa robot ロボット ; remplacer 取って代わる ; climat 気候 ; à cause de… ～のせいで ; produire 作り出す ;
gaz à effet de serre 温室効果ガス ; effet 効果 ; atmosphère 大気 ; retenir 保持する ; exactement 正確に、その
とおり ; chaleur 熱 ; de plus en plus ますます、しだいに ; au contraire その反対に ; partie 部分 ; glace 氷 ;
pôle 極 ; recouvrir 覆う ; île 島 ; ouragan 暴風雨、台風 ; évidemment もちろん、当然に ; migration 移民 ;
sentir 感じる ; s'échapper 逃げる ; conséquence 結果、（多く複数で）重大な結果、（結果としての）影響 ; océan
大洋、海洋 ; terrible ひどい、恐ろしい ; augmentation 増加、増大 ; espace 空間、宇宙

Leçon 12　直接話法と間接話法

対話　隣どうしで練習しよう

♪no.2-08

Jules : Tu as bien demandé à Paul s'il venait à notre fête ?

Inès : Oui. Attendons encore un peu.

Jules : Mais ça m'inquiète, pourquoi n'est-il pas encore là ! Il est déjà 15h.

Inès : Il m'a dit hier : « je suis arrivé à Paris et je viendrai chez vous demain ».

Jules : Il n'a pas précisé comment il viendrait ?

Inès : Il m'a dit qu'il prendrait peut-être sa voiture.

Jules : Alors, il devrait déjà être arrivé...

Inès : Ils n'ont pas parlé de bouchons aux informations ?

Jules : Ils ont dit qu'il y en avait, mais pas vers chez nous.

Inès : Tiens, je viens de recevoir un message de sa part.

Jules : Et qu'est-ce qu'il dit ? Raconte !

Inès : Et bien, il dit qu'il ne pourra pas venir. Sa voiture est tombée en panne.

A 語彙　préciser 詳細を明らかにする；bouchon　詰まり、渋滞；informations ニュース番組；de la part de... 〜 の側から（ここでは所有形容詞 sa とともに使われて、「彼からの」）

直接話法と間接話法

　　ひとが話した内容を伝えるのには２つのやり方があります。１つ目は直接話法と呼ばれるやり方です。たとえば、
　　　　Il me dit : « Je te ferai visiter le château de mon grand-père. »
というように、引用符（フランス語ではギユメ « » という記号を使います）を用いて、ひとの言ったことばをそのままに繰り返す方法です。
　　２つ目は間接話法と呼ばれるやり方です。これはひとの言った内容を従属節（que 節や間接疑問文など）に入れて、自分の視点から捉え直して語る方法です。たとえば、
　　　　Il me dit qu'il me fera visiter le château de son grand-père.
のように、人称が「わたし」の視点から統一されるのが特徴です。

時制の一致

・直説法現在 → 直説法半過去
　Elle m'a dit : « Je dois partir tout de suite. »　→ Elle m'a dit qu'elle devait partir tout de suite.
・直説法複合過去 → 直説法大過去
　Elle m'a dit : « J'ai dû partir très tôt hier. »
　　　　　　　　　　→ Elle m'a dit qu'elle avait dû partir très tôt la veille. (la veille 前日に)
・直説法単純未来 → 条件法現在
　Elle m'a dit : « Je devrai partir demain. »
　　　　　　　　　　→ Elle m'a dit qu'elle devrait partir le lendemain. (le lendemain 翌日に)
・直説法前未来 → 条件法過去
　Elle m'a dit : « Je serai partie avant 20 heures. »
　　　　　　　　　　→ Elle m'a dit qu'elle serait partie avant 20 heures.

命令法

Il m'a dit : « Répondez honnêtement à mes questions. »

→ Il m'a dit de répondre honnêtement à ses question.

疑問文

Elle m'a demandé : « Êtes-vous libre aujourd'hui ? »

→ Elle m'a demandé si j'étais libre ce jour-là.

« Pourquoi avez-vous changé vos plans ? » a-t-il voulu savoir.

→ Il a voulu savoir pourquoi j'avais changé mes plans.

Il m'a demandé : « Qu'est-ce qui s'est passé entre eux ? »

→ Il m'a demandé ce qui s'était passé entre eux.

Il m'a demandé : « Qu'est-ce que vous faites dans la vie ? »

→ Il m'a demandé ce que je faisais dans la vie.

▶ 練習1 次の文の直接話法を間接話法に、間接話法を直接話法に直し、訳しましょう。

1) Il m'a dit hier : « je suis arrivé à Paris et je viendrai chez vous demain ».

_____

2) Il m'a dit qu'il viendrait peut-être en voiture.

_____

3) Le roi a ordonné : « Levez-vous tous ». (ordonner 命令する)

_____

4) Elle m'a demandé : « Qu'est-ce que tu as fait hier ? »

_____

5) Paul m'a demandé de ne pas le quitter.

_____

6) La mère a dit aux enfants qu'elle allait leur lire une histoire.

_____

▶ 練習2 〈対話〉に関して、録音を聞いて、正しい（vrai）か正しくない（faux）かを答えましょう。

♪ no.2-09

1) □ vrai □ faux   2) □ vrai □ faux   3) □ vrai □ faux   4) □ vrai □ faux

1  **Posez les questions à un(e) camarade en complétant la phrase. Ou répondez aux questions posées. Ensuite, inventez librement la suite du dialogue.** 自由に文を補ってクラスの人に質問しましょう。その質問に対して答え、自由に会話の続きを創作しましょう。

1) Question(A) : Je peux te demander de montrer _____ ?

   Réponse(B) : _____

   (A) : _____

   (B) : _____

2) Question(A) : Est-ce que tu savais ce que notre professeur nous _____ ?

   Réponse(B) : _____

   (A) : _____

   (B) : _____

3) Question(A) : Tu peux me dire si nous _____ ?

   Réponse(B) : _____

   (A) : _____

   (B) : _____

4) Question(A) : Tu sais ce qu'on dit à propos de _____ ?

   Réponse(B) : _____

   (A) : _____

   (B) : _____

2 A Écoutez le dialogue entre Julie et Fabien, en observant l'image ci-dessous. Notez le plus d'informations possible (surface, adresse, nombre de pièces, etc.). 下のイラストを見ながら、ジュリーとファビアンの会話を聞き情報をメモしましょう。 ♪ no.2-10

_____

_____

_____

_____

_____

_____

_____

B Racontez au présent la conversation entre Julie et Fabien en utilisant le discours indirect. ジュリーとファビアンの会話の内容を、間接話法で記述しましょう。

Ex) Fabien demande à sa sœur si elle veut habiter dans son appartement à Paris.

_____

_____

_____

_____

_____

_____

3 [Supplément] Essayez aussi de mettre les phrases de la question (2B) au passé.

（2B）の内容を過去形にしてみましょう。

Ex) Fabien a demandé à sa sœur si elle voulait habiter dans son appartement à Paris.

A a à propos de... に関して ; appart（appartement の略）集合住宅の一戸 ; studio ワンルームマンション ; m² (mètre carré) 平方メートル ; centre 中心 ; latin ラテンの、ラテン語の ; cinquième 5番目の ; couloir 廊下 ; lit ベッド ; fond 奥 ; s'habituer à ～になれる ; faire+ 無冠詞名詞 ～の役目を果たす（ここでは faire salle à manger でダイニングの役割を果たす）; canapé ソファ ; studio ワンルームマンション ; en tout cas いずれにせよ ; proposition 提案 ; impatient 待ちきれない

Leçon 13 faire, laisser, rendre

対話　隣どうしで練習しよう

♪ no.2-11

Tarô : Ah, ça me rend vraiment malade !

Julie : Eh bien, Tarô, qu'est-ce que tu as ?

Tarô : Mes parents ne me laissent jamais manger ce que je veux !

Julie : Et qu'est-ce que tu voudrais manger par exemple ?

Tarô : Ils veulent que je mange des légumes mais je n'ai jamais le droit à quelques frites !

Julie : Mais tu sais, les frites, ça fait grossir.

Tarô : Justement le chou, les carottes et les haricots, tout ça me fait plutôt maigrir.

Julie : Voilà, les légumes sont très bons pour la santé !

Tarô : Mais en fait, je veux être gros comme un éléphant.

Julie : Comme un éléphant ! Tu exagères... Mais pourquoi ?

Tarô : Il faut que je grossisse le plus possible pour devenir lutteur de sumo.

Julie : Mais pour ça, il ne suffit pas de manger des frites ! Allez, bouge-toi !

Ａａ 語彙　rendre A B A(名詞)をB(形容詞)にする；laisser (使役)〜させておく；exemple 例（par exemple で）例えば；droit à... 〜への権利；quelque（複数形で）いくつかの、少数の；frite フライドポテト；faire（使役）〜させる；grossir 太る；chou キャベツ；carotte ニンジン；maigrir 痩せる；lutteur de sumô 相撲、力士；suffire 十分である；se bouger 行動を起こす

使役の動詞 faire

英語の make と同様、フランス語の faire には「〜させる」という使役の用法がある。

faire ＋動詞の不定形＋動作主

　＊動作主には、直接目的補語をとる他動詞の場合は à または par をつけ、自動詞および間接目的補語をとる他動詞の場合は何もつけない。

　＊原則として faire と動詞の不定形は一体になり、否定の副詞（pas, plus, jamais など）以外の語は挿入しない。動作主である場合を含めて、代名詞は全て faire の前に置かれる。

Ex) Nous faisons venir un docteur.　　「私たちはお医者さんを呼ぶ」

　　Nous le faisons venir.　　「私たちは彼を呼ぶ」

　　Cela fait penser Paul à son pays.　　「それはポールに故郷を思い出させる」

使役の動詞 laisser

「〜させておく」という消極的な使役。

laisser ＋動詞の不定形＋動作主	あるいは	laisser ＋動作主＋動詞の不定形

Ex) Je laisse mes enfants jouer.　Je laisse jouer mes enfants.　　「私は子供達を遊ばせておく」

動詞 rendre
. . . .

「返す」という意味ですでに習った rendre ですが、後ろに形容詞をつけて「〜にする」という意味になります。Ex) Elle rend son mari heureux.　「彼女は夫を幸せにする」

> 非常に細かいことなので覚える必要はないでしょうが、参考までに。使役の動詞 faire と laisser では、語順の違いもあって、代名詞の振るまいが違います。
>
> | | |
> |---|---|
> | J'ai fait lire ce roman à Paul. | 「私はポールにこの小説を読ませた」 |
> | Je l'ai fait lire à Paul. | 「私はそれをポールに読ませた」 |
> | Je lui ai fait lire ce roman. | 「私は彼にその小説を読ませた」 |
> | Je le lui ai fait lire. | 「私は彼にそれを読ませた」 |
> | J'ai laissé Paul lire ce roman. | 「私はポールにこの小説を読ませておいた」 |
> | J'ai laissé Paul le lire. | 「私はポールにそれを読ませておいた」 |
> | Je le laisse lire ce roman. | 「私はこの小説を彼に読ませておく」 |
> | Je le laisse le lire. | 「私は彼にそれを読ませておく」 |
>
> うーん、これはかなり複雑。こんがらがってきますね。実際のところ、後ろに続くのが自動詞か他動詞かという区別も含めて、faire と laisser を使いこなすのは難しい。ただ、使役を含む文は日常的にもよく使われます。間違えてもいいので、試しに使ってみましょう！

13

▶ 練習1 **次の文章を日本語に訳し、下線部を代名詞にして書き換えましょう。**

1) La lettre de mon frère a fait rire mes parents.

　　　　　　　　　　　　　　　　　　　　　　　　　　　　　　　　　　　.

　　　　　　　　　　　　　　　　　　　　　　　　　　　　　　　　　　　.

2) Je fais finir ses devoirs à ma fille.

　　　　　　　　　　　　　　　　　　　　　　　　　　　　　　　　　　　.

　　　　　　　　　　　　　　　　　　　　　　　　　　　　　　　　　　　.

3) J'ai laissé Paul travailler toute la journée.

　　　　　　　　　　　　　　　　　　　　　　　　　　　　　　　　　　　.

　　　　　　　　　　　　　　　　　　　　　　　　　　　　　　　　　　　.

4) L'État laisse sa nation mourir de faim.

　　　　　　　　　　　　　　　　　　　　　　　　　　　　　　　　　　　.

　　　　　　　　　　　　　　　　　　　　　　　　　　　　　　　　　　　.

▶ 練習2 **フランス語を聞き、書き取りましょう。**　　♪ no.2-12

1) fou (女性形 folle) 狂った　　　　　　　　　　　　　　　　　　　　　　.

2)　　　　　　　　　　　　　　　　　　　　　　　　　　　　　　　　　　.

3)　　　　　　　　　　　　　　　　　　　　　　　　　　　　　　　　　　.

4)　　　　　　　　　　　　　　　　　　　　　　　　　　　　　　　　　　.

Leçon 13 Expression

1 🦻 **Écoutez et choisissez les deux réponses correctes pour chaque question.** 音声を聞き、質問に対して正しい応答を２つえらびましょう。　♪ no.2-13, 14

1) Qu'est-ce qui te rend si heureux ?

    a) _____

    b) _____

    c) _____

2) On dit que les jeux vidéo rendent les gens violents...

    a) _____

    b) _____

    c) _____

2 👥 `à deux` **Posez les question à un(e) camarade et répondez-y vous-même.** クラスの人に質問し、あなた自身も答えましょう。

1) Qu'est-ce que tes parents t'ont laissé faire quand tu étais petit ?

    Votre réponse : _____

    Réponse de votre camarade : _____

2) Qu'est-ce que tu ferais visiter à un Français qui viendrait pour la première fois au Japon ?

    Votre réponse : _____

    Réponse de votre camarade : _____

3) Qu'est-ce qui te rend heureux (heureuse) ?

    Votre réponse : _____

    Réponse de votre camarade : _____

4) Qu'est-ce qui t'a fait rire ces jours-ci ?

    Votre réponse : _____

    Réponse de votre camarade : _____

3 🎧 **Écoutez le dialogue et répondez aux questions.** 会話を聞き、質問に答えましょう。

♪ no.2-15

1) Julien dépense combien d'argent par mois pour l'abonnement de son téléphone ?

_____

2) Combien coûte l'abonnement d'Alexandra ?

_____

3) Alexandra propose à Julien de faire quoi ?

_____

4) Qui aime acheter ses vêtements directement dans les magasins ?

_____

5) Qui choisit et achète les vêtements de Julien ?

_____

6) À l'occasion de sa sortie avec Alexandra, qu'est-ce que Julien projette ?

_____

Aa violent 乱暴な；plutôt むしろ；plombier 鉛管工；rire 笑う；dépenser お金を使う；abonnement 定期契約；presque ほとんど；truc モノ；réseaux sociaux ソーシャルネットワーク；gratuit 無料の；loisir 娯楽；pratique 便利だ；nourriture 食料；mode 流行；se charger de ～を引き受ける；achat 購入；profiter de ～を利用する；passion 情熱、情熱の対象；proposer 提案する；directement 直接；occasion 機会；projeter 計画する

13

53

Leçon 14　受動の表現

> 対 話　隣どうしで練習しよう

♪ no.2-16

Yôko : Mince ! J'ai plus mon portefeuille...

Victor : Tu as bien cherché dans tes poches ?!

Yôko : Oui, mais... Ah, tout à l'heure dans le train, il y avait un homme qui s'approchait de moi...

Victor : Mais calme-toi...

Yôko : Cet homme avait l'air bizarre je te dis... J'ai été volée par lui !

Victor : Non, ça se dit pas. On dit plutôt : « Mon portefeuille a été volé. »

Yôko : Arrête ! Tout ce que tu peux faire c'est me donner une leçon de français ?

Victor : Tu peux dire aussi : « On m'a volé mon portefeuille », puisque tu ne sais pas qui c'était.

Yôko : Décidément, tu m'énerves trop là...

Victor : Mais une langue, ça s'apprend le mieux en situation !

Yôko : Ça alors, t'es peut-être un bon prof mais t'es pas super comme copain !

Ａａ 語 彙　mince（驚き・感嘆・落胆などを表す）わあっ、ちぇっ；poche ポケット；se calmer 落ち着く；arrêter 止まる、やめる；puisque（既知の原因）〜であるから；décidément 完全に、まったくもって；énerver イライラさせる；prof（professeur の略）先生

受動態

・能動態の直接目的補語を主語とし、être の活用形と過去分詞で構成する。動作主は一般的に par で導かれるが、継続的な状態を表す際には de を用いることが多い。

Les voleurs ont été arrêtés par la police.

Ce professeur est respecté de tout le monde.

> ※英語とは異なり、能動態の間接目的補語を受動態の主語とすることはできない。
> （能動態）Ces gens ont volé à mon frère son portefeuille.
> （受動態）○ Son portefeuille a été volé par ces gens.
> 　　　　　× Mon frère a été volé par ces gens.
> ※受動性を表すのに on を主語にしたり、代名動詞を用いることもできるので、動詞の受動態は限定的にしか用いられない。

on の用法

・受動態ではなく、on を主語にして表現するほうが自然に感じられることも多い。

Le français est parlé partout dans le monde. → On parle français partout dans le monde.

・主語を明らかにしないで述べたいときに、受動態ではなく、on を用いる方法もある。

On a volé à mon frère son portefeuille.

代名動詞の受動的用法

・代名動詞の受動的用法の多くは主語の一般的性質や属性を述べるものであり、可能性（「〜され得る」）や、規範性（「〜されるべき」）、自発性（「ひとりでに起こる」）を含意する。（→ピロット 1, p.94）

Un appareil-photo, ça ne se casse pas tout seul.

▶ 練習1　次の能動態の文を受動態にしましょう。

1) Tout le monde aime mon frère.

_____ .

2) Cette machine a rendu possible la croissance de notre société.

_____ .

3) De la neige couvre les montagnes.

_____ .

4) Le gouvernement a sauvé les banques.

_____ .

▶ 練習2　2つの文がほぼ同じ意味になるように、下線部に適切な表現を入れましょう。

1) On ne peut pas manger ça.　　　　= Ça _____ .
2) Il est toujours possible d'expliquer.　= Tout _____ .
3) Le cœur ne peut être acheté.　　　= Le cœur _____ .
4) Son attitude est bien compréhensible.　= Son attitude _____ .

▶ 練習3　〈対話〉に関して、録音を聞いて、正しい（vrai）か正しくない（faux）かを答えましょう。

♪ no.2-17
1) □ vrai □ faux　　2) □ vrai □ faux　　3) □ vrai □ faux　　4) □ vrai □ faux

1 🦻 **Écoutez le dialogue et répondez aux questions.** 会話を聞き、質問に答えましょう。

♪ no.2-18

1) Quel est le problème de Fabien ?

_____

2) Qu'est-ce qu'il y a au milieu du tableau ?

_____

3) Qu'est-ce qu'il y a à droite du tableau ?

_____

4) Qu'est-ce qu'il y a en bas à gauche du tableau ?

_____

5) Qui a peint le tableau ?

_____

6) Quel est le titre du tableau ?

_____

2 👥 à deux

1) En vous inspirant de l'exemple, dessinez une image qui comporte au moins 4 des dessins ci-dessous. <u>Ne montrez pas votre dessin à votre voisin.</u>   例を見て、4つ以上のものを1枚の絵にまとめましょう。隣の人に絵を見られないようにして下さい。

2) En vous aidant du schéma ci-dessous, décrivez votre dessin à votre voisin, sans lui montrer. Il doit dessiner en se servant uniquement de votre description. Quand il a fini, comparez votre dessin et le sien. 下図を参考に、あなたの絵を実物を見せずに隣の人に説明しましょう。隣の人はその説明をもとに絵を書きましょう。終わったらお互いに見比べてみましょう。

arrière-plan

exemple

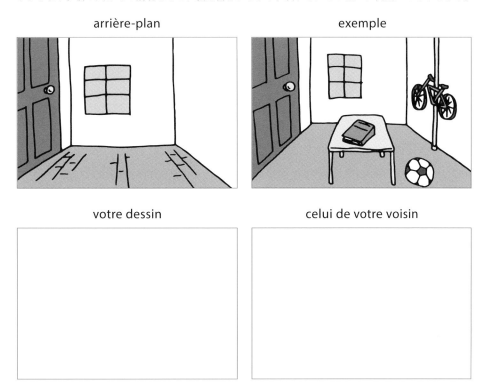

votre dessin

celui de votre voisin

Aa peintre 画家 ; tableau 絵画 ; décrire 描写する ; forêt 森 ; peindre 描く ; chapeau 帽子 ; rose バラ色の ; attacher つなぐ、留める ; corde 紐 ; branche 枝 ; se balancer 揺れる ; lancer 放る ; hasard 偶然 ; escarpolette ブランコ ; balançoire ブランコ

Leçon 15　品詞の転換

対話　隣どうしで練習しよう

♪ no.2-19

Pascal : J'ai enfin visité le Japon la semaine dernière.

Aurélie : Tu as visité quelle ville ?

Pascal : Kyoto. C'était mon rêve depuis une dizaine d'années !

Aurélie : C'est vrai ? Alors, tu es satisfait, j'espère.

Pascal : C'était plus que de la satisfaction, c'était un enchantement ! Vraiment ! En plus, j'y étais avec ma petite sœur.

Aurélie : Ah, tu m'as dit qu'elle était au Japon pour étudier l'histoire de ce pays.

Pascal : C'est ça. Ses études portent principalement sur la religion.

Aurélie : C'est une chose admirable que d'avoir une sœur si savante !

Pascal : Oui, elle connaît bien les temples.

Aurélie : Alors ses connaissances ont dû t'aider à les apprécier.

Pascal : Effectivement. Elle a abondamment commenté les monuments pendant nos visites.

Aurélie : C'est merveilleux !

Ⓐ 語彙　rêve 夢；une dizaine 十数の；satisfait 満足している；espérer 期待する、思う；satisfaction 満足；enchantement 魅惑、すばらしいこと；principalement おもに；religion 宗教；admirable すばらしい；savant 物知りな；temple 寺社；connaissance 知識；effectivement 実際に；abondamment 豊富に；commenter 解説する

形容詞を副詞化する接尾辞

一般的に形容詞は、女性形単数に接尾語 -ment をつけることで副詞化される。

principal > principale（女性形単数）> principalement, facile > facile（男女同形）> facilement

＊ただし、-ant, -ent で終わる形容詞は -amment, -emment となることが多い。
　différent > différemment, violent > violemment, abondant > abondamment etc.
＊男性形が e で終わる形容詞の一部は -ément となる。
　commune > communément, profond > profondément etc.
＊また、形容詞女性形でない場合もある。
　vrai > vraiment, poli > poliment, continu > continûment etc.

形容詞を名詞化する接尾辞

1）-té（女性名詞）
　beau beauté, bon bonté, difficile difficulté, facile facilité, fier fierté, léger légèreté, libre liberté, nouveau nouveauté, original originalité, possible possibilité, vrai vérité,

2）-esse（女性名詞）
　bas bassesse, gentil gentillesse, jeune jeunesse, juste justesse, large largesse, petit petitesse, riche richesse, sèche sècheresse, triste tristesse, vieux vieillesse

3）-eur（女性名詞）
　blanc blancheur, doux douceur, frais fraicheur, grand grandeur, haut hauteur, large largeur, long longueur, profond profondeur, rond rondeur

動詞を名詞化する接尾辞

1) -tion, -sion（女性名詞）

comprendre compréhension, construire construction, disparaître disparition, expliquer explication, propose proposition, permettre permission, recevoir réception, réfléchir réflexion, répéter répétition, voir vision

2) -ment（男性名詞）

payer paiement, remercier remerciement, commencer commencement, traiter traitement

3) -ance（女性名詞）

connaître, connaissance, croire, croyance, naître naissance, résister résistance

> 　フランス語の接尾辞はラテン語由来で、英語と共通あるいは類似の語彙も多いので、類推することはそれほど難しくないでしょう。接尾辞の形によって男性名詞か女性名詞かがわかるので、その点でも接尾辞は便利です。
> 　ただ、フランス語の動詞を名詞化するとき、もっとも多いのは、動詞の語幹（あるいは活用形）を用いる場合です。あるいは、そもそも動詞よりも先に名詞があり、それに活用語尾をつけて動詞化した、というものもあります。その2者を区別なく例示すると、
> acheter achat, appeler appel, choisir choix, chanter chant, coûter coût, crier cri, défendre défense, finir fini, goûter goût, marcher marche, offrir offre, oublier oubli, regarder regard, regretter regret, répondre réponse, respecter respect, rêver rêve, rencontrer rencontre, travailler travail, voyager voyage, vivre vie
> などです。

15

▶練習1 　同じ意味になるように下線部に副詞を入れましょう。

1) Paul a chanté. C'étaient des chants très doux. ＝ Il a chanté ＿＿＿＿＿＿ .

2) C'était une pluie très violente. ＝ Il pleuvait très ＿＿＿＿＿＿ .

3) Nos achats récents était ces petites sociétés françaises d'import-export.

　　　＝ Nous avons acheté ＿＿＿＿＿＿ ces société françaises d'import-export.

4) Notre sujet principal est les problèmes sociaux du Japon moderne.

　　　＝ Nous nous intéressons ＿＿＿＿＿＿ aux problèmes sociaux du Japon moderne.

▶練習2 　下に示すリストから適切な形容詞を選び、名詞形でカッコ内に入れましょう。

| blanc | fier | libre | profond |

1) La ( ) d'expression est le principe même de la société démocratique. (principe 原則)

2) Nos deux chats sont la ( ) de notre maison.

3) Nous voulons savoir la ( ) de la rivière à cet endroit.

4) Sa peau était d'une ( ) de neige. (peau 皮膚)

▶練習3 　下に示すリストから適切な動詞を選び、名詞形でカッコ内に入れましょう。

| choisir | commencer | payer | recevoir |

1) Il ne regrettera jamais son ( ).

2) Au ( ) était la Parole, et la Parole était avec Dieu, et la Parole était Dieu. (parole ことば)

3) Il imaginait que la ( ) de son livre serait plutôt bonne.

4) Le propriétaire a dit qu'il ne peut plus attendre le ( ).

1 **Transformez les phrases suivantes en titre ou phrase d'accroche qui commence par un nom sans article. Associez la phrase à l'image adéquate (email, affiche, journal, panneau d'interdiction).** Aの文を冠詞のない名詞から始まるタイトルやキャッチコピーに変えましょう。そして、それに合致するイラストをえらびましょう。

Exemple : <u>Je suggère</u> un repas végétarien tous les vendredis. → <u>Suggestion</u> d'un repas végétarien tous les vendredis. (Email : C)

A   1) <u>Je propose</u> une réunion dimanche soir !

2) Le chat du président <u>a disparu</u> : fuite ou enlèvement ?

3) <u>Il est défendu</u> de fumer à l'intérieur du bâtiment.

4) <u>Nous livrons gratuitement</u> partout dans le monde.

B

2 à deux **Posez les question à un(e) camarade et répondez-y vous-même en utilisant la forme verbale du mot souligné.** クラスの人に質問し、あなた自身も答えましょう。答えるときには下線部の語の動詞化した形を用いましょう。

1)   Quels sont tes date et lieu de <u>naissance</u> ?

Votre réponse : _____

Réponse de votre camarade : _____

2)   Quelle est la date (prévue) de la <u>fin</u> de tes études ?

Votre réponse : _____

Réponse de votre camarade : _____

3)   Si tu disais à tes parents que tu veux aller étudier en France, quelle serait leur <u>réponse</u> ?

Votre réponse : _____

Réponse de votre camarade : _____

4)   Selon toi, quelle était la cause principale de la <u>disparition</u> du loup japonais ?

Votre réponse : _____

Réponse de votre camarade : _____

3 🎧 **Écoutez le dialogue et répondez aux questions.** 会話を聞き、質問に答えましょう。

♪ no.2-20

1) Quel est le travail de Baptiste ?

_____

2) Baptiste travaille-t-il tous les jours ?

_____

3) Baptiste voyage à l'étranger deux fois par an. Vrai ou faux ?

_____

4) En général, combien d'heures travaille-t-il par jour ?

_____

5) Combien d'argent gagne-t-il par mois ?

_____

6) Pourquoi travaille-t-il beaucoup en été, alors que les autres Français partent en vacances ?

_____

15

Ⓐ suggérer 提案する；végétarien 菜食主義の；suggestion 提案；fuite 逃走；enlèvement 誘拐；gratuitement 無料で；livrer 配達する；date 年月日；prévu 予定される；loup 狼；prendre 時間がかかる；traducteur 翻訳者；pause 休憩；presque ほとんど；indiscret 無遠慮な；se préparer à... 〜の準備をする；prix 賞；dépendre de 〜に依存する；éditeur 編集者；proche 情熱、近しい人；rater つかまえ損なう、しくじる

61

Lecture 1 単純過去（1）用法

> 例文 Le Maître Chat ou chat botté ＜１＞
>
> ♪ no.2-21
>
> Un meunier laissa, à trois enfants qu'il avait, son moulin, son âne et son chat. Les partages furent bientôt faits ; ni le notaire, ni le procureur n'y furent appelés. Ils auraient sûrement bientôt mangé tout le pauvre patrimoine. L'aîné eut le moulin, le second eut l'âne, et le plus jeune n'eut que le chat.
>
> Ce dernier était triste d'avoir un si pauvre lot : « Mes frères, disait-il, pourront gagner leur vie honnêtement en se mettant ensemble ; pour moi, lorsque j'aurai mangé mon chat, et que je me serai fait un manchon de sa peau, il faudra que je meure de faim. »
>
> Le Chat, qui entendait ce discours, mais qui n'en fit pas semblant, lui dit d'un air sérieux : « Ne vous affligez pas, mon maître ; vous n'avez qu'à me donner un sac et une paire de bottes pour aller dans les broussailles, et vous verrez que vous n'êtes pas si mal partagé que vous croyez. »

Ａa 語彙 maître（古風）（敬称として）〜殿；botté ブーツをはいた；meunier 粉屋；moulin 製粉機；âne ロバ；partage 分配；ni 〜もない；notaire 公証人；procureur 代訴人；sûrement きっと；patrimoine 遺産；aîné 長男；second 二番目の；lot 分け前、取り分；gagner sa vie 生計を立てる；lorsque 〜の時；manchon マフ；discours 発言；faire semblant de… 〜のふりをする；s'affliger 悲しむ、悩む；broussailles 藪；être partagé 遺産に与る

単純過去の用法

・単純過去は、客観的事実として提示される行為や出来事を語る。

・書き言葉において、「現在から切り離された過去の出来事の連鎖」を語る時に単純過去を用いる。単純過去が使われる文章で複合過去を用いることは多くないので、単純過去とは書き言葉における複合過去だ、というような認識でもあまり問題ない。

　　フランス語の書き言葉、とくに過去に関する記述には文法的な特色があります。それが単純過去という時制です。『ピロット１』ですでに勉強し、『ピロット２』の Leçon3 でも復習したように、フランス語で過去のことを話すときには複合過去と半過去という時制を使い分けることが重要です。実はこの、２つの時制で過去を表現する、というシステムは、フランス語の歴史において後からできあがったものです。というのも、フランス語にはもう一つ、重要な時制があったからです。それが単純過去です。

　　単純過去の「単純」というのは、活用形が１つの要素からなっている、つまり、複合過去のように、「助動詞（avoir か être）＋過去分詞」という２つの要素の複合から成り立っているのではない、ということを示しているのみです。決して、単純過去で表される「過去」が単純であるとか、活用の仕方が単純で覚えやすい、とかいうわけではありません。いやむしろ、活用は不規則性が高く、使われなくなったのはこの面倒な活用を避けるためでもありました。

　　そう、単純過去というのは、今では廃れてしまって、口語においては姿を消した時制なのです。ラテン語から引き継がれたこの時制が廃れてゆく過程は、すでに中世に始まっていたらしい。ということは、実にフランス語がフランス語として自立してくるその最初期に始まっていたということになります。

しかしその一方で、小説や歴史叙述などの場合には、未だに単純過去なしで済ませるのは難しいと言っていいでしょう。また、私たちが触れるフランス語は必ずしも最近書かれたものばかりではありません。フランス語で書かれた膨大な知的蓄積に触れたければ、単純過去の知識は、まず必要となる素養です。

と言っても、フランス語の単純過去は実際上それほど難しいことはありません。（スペイン語の点過去やイタリア語の遠過去とは違って）、フランス語の単純過去は日常生活で使われることはありませんので、（小説や歴史を書こうとするのでない限り）それを使う機会はふつうありません。単純過去はただ、それを読めるだけで十分なのです。

そこで、単純過去の活用については次課に回し、まずは実際に文章中でどう現れるかを見てみましょう。

＜例文＞において、青字で示しておいたのが単純過去時制です。抜き出すと、

Un meunier laissa

Les partages furent bientôt faits

ni le notaire, ni le procureur n'y furent pas appelés.

L'aîné eut le moulin, le second eut l'âne, et le plus jeune n'eut que le chat.

[le Chat] qui n'en fit pas semblant,

[le Chat] lui dit d'un air sérieux

となります。形からして、もとの動詞が見当つくもの、つかないものがあるでしょう。laissa は容易に判明しますね。laisser という -er 型規則動詞の単純過去、三人称単数の活用です。また、dit などもすぐわかるでしょう。動詞 dire の単純過去三人称単数、実際のところ、これは現在時制と同じ形になるのです。難しいのは furent, eut, fit ですね。それぞれ、être, avoir, faire の単純過去です。もとの動詞がわかってしまえばあとは簡単、それぞれ複合過去に置き換えて、« Un meunier a laissé »、« Les partages ont été bientôt faits » 等々にしてしまえば、解釈上、今まで読んできたフランス語と変わるところはありません。そういう意味では、単純過去というのは文語の（文法ではなく）文体の問題でしかないようにも見えます。

練習1 〈例文〉に関して，録音を聞いて、正しい (vrai) か正しくない（faux）かを答えましょう.

♪ no.2-22

1) □ vrai □ faux　　2) □ vrai □ faux　　3) □ vrai □ faux　　4) □ vrai □ faux

練習2 フランス語を聞き、書き取りましょう。単純過去が使われていますが、＜例文中＞に出てきた活用形、laissa, furent, eut, dit, fit のいずれかが入ります。　　♪ no.2-23

1) _____

2) _____

3) _____

4) _____

単純過去②活用

例文　Le Maître Chat ou chat botté ＜ 2 ＞

♪ no.2-24

　　Le maître du chat ne compta pas beaucoup sur cette promesse ; mais il l'avait vu faire si souvent des tours de souplesse pour prendre des rats et des souris, qu'il ne désespéra pas d'être secouru dans sa misère.

　　Lorsque le Chat eut ce qu'il avait demandé, il se botta avec élégance, et, mettant son sac à son cou, il en prit les cordons avec ses deux pattes de devant, et s'en alla dans une garenne où il y avait beaucoup de lapins. Il mit du son dans son sac, et s'étendant comme s'il avait été mort, il attendit quelque jeune lapin, peu habitué encore des ruses de ce monde.

　　Il se coucha ; et aussitôt il eut contentement ; un jeune lapin peu prudent entra dans son sac, et le maître Chat, tirant aussitôt les cordons, le prit et le tua sans miséricorde.

　　Très fier de sa proie, il s'en alla chez le roi et demanda à lui parler. On le fit monter à l'appartement de Sa Majesté ; il y entra et fit une grande révérence au roi, et lui dit : « Voilà, sire, un lapin de garenne que monsieur le marquis de Carabas (c'était le nom qu'il eut l'idée de donner à son maître) m'a chargé de vous présenter de sa part. — Dis à ton maître, répondit le roi, que je le remercie et qu'il me fait plaisir. »

　　Une autre fois, il alla se cacher dans un blé, tenant toujours son sac ouvert, et, lorsque deux perdrix y furent entrées, il tira les cordons et les prit toutes deux. Il alla ensuite les présenter au roi, comme il avait fait du lapin de garenne. Le roi reçut encore avec plaisir les deux perdrix, et lui fit donner pourboire.

Ⓐa 語彙　promesse 約束；tour 曲芸；souplesse 柔軟さ；rat ネズミ；désespérer de... 〜する希望を失う；secourir 援助する、助ける；misère 貧困；se botter ブーツをはく；élégance 優雅さ；cou 首；cordon ひも；patte 動物の脚；de devant 前の；garenne 兎野；son 籾殻；s'étendre 横になる；quelque なんらかの；habitué 慣れている；ruse 策略；aussitôt すぐに；contentement 満足；tirer 引く；miséricorde 同情；proie 獲物；majesté 陛下；révérence お辞儀；sire（呼びかけで）陛下；marquis 伯爵；se cacher 隠れる；perdrix ヤマウズラ；pourboire 心付け、小遣い

単純過去の活用

1）-er で終わる動詞
　語幹は基本的に直説法現在と変わらない。

donner				活用語尾			
je	donnai	nous	donnâmes	je	-ai	nous	-âmes
tu	donnas	vous	donnâtes	tu	-as	vous	-âtes
il	donna	ils	donnèrent	il	-a	ils	-èrent

・活用語尾は、そのほかの動詞とは異なる。単数人称の活用語尾は avoir の直接法現在と同じ。

2）そのほかの動詞
・とくに不規則活用をする動詞において、語幹が大きく変わるものがある。
・全ての活用形が子音字で終わる。

ア）i 型　第二群規則動詞および partir, prendre mettre など多数の不規則活用

finir

je	finis	nous	finîmes
tu	finis	vous	finîtes
il	finit	ils	finirent

partir

je	partis	nous	partîmes
tu	partis	vous	partîtes
il	partit	ils	partirent

イ）u 型　être, avoir, mourir, courir など、多数の不規則活用

être

je	fus	nous	fûmes
tu	fus	vous	fûtes
il	fut	ils	furent

avoir

j'	eus	nous	eûmes
tu	eus	vous	eûtes
il	eut	ils	eurent

＊ eus, eut 等の冒頭の e は、avoir の過去分詞 eu と同じように、読まれない文字（黙字）ですので、(e)u [y] と読まれる。

ウ）in 型　venir, tenir とその派生語（devenir, maintenir 等々）

venir

je	vins	nous	vînmes
tu	vins	vous	vîntes
il	vint	ils	vinrent

　さて、単純過去の活用を掲げましたが、実はこれは覚える必要はありません。2 つほど理由があります。

　第一に、書き言葉においても、1 人称、2 人称で単純過去が使われることは稀です。それは、単純過去が「現在から切り離された客観的な過去」の叙述であることから、容易に類推できるところでしょう。1 人称つまり自分のこと、そして 2 人称つまり、あるいは目の前にいる「あなた」のことについて、「客観的」に叙述する状況はそもそもあまりないのです。1 人称、2 人称の単純過去は覚えてもあまり役に立ちません。だから、それぞれの動詞について、活用表を全て、というのではなく、3 人称だけ覚えておけば十分でしょう。

　第二に、我々が単純過去時制を使う機会はかなり減っています。現在のフランス語の話し言葉では単純過去はあまりに古風ですので、冗談でもなければ口にすることはありません。そして、単純過去を避ける傾向はもはや書き言葉にも及んでいます。20 世紀以降、手紙や日記、新聞などにおいて過去のことを語る際、単純過去を使うことはどんどん少なくなっています。書く必要はなく、読めればいい。ですから、活用法は覚えてもあまり役に立ちません。

▶ 練習1　〈例文〉に関して，録音を聞いて、正しい (vrai) か正しくない（faux）かを答えましょう。

♪ no.2-25
1)　□ vrai　□ faux　　2)　□ vrai　□ faux　　3)　□ vrai　□ faux　　4)　□ vrai　□ faux

▶ 練習2　フランス語を聞き、書き取りましょう。　　♪ no.2-26

1) _____

2) _____

3) _____

4) _____

Lecture 3　単純過去（3）

例文　Le Maître Chat ou chat botté < 3 >

♪ no.2-27

Le Chat continua ainsi, pendant deux ou trois mois, à porter de temps en temps au roi du gibier de la chasse de son maître. Un jour, lorsqu'il sut que le roi allait à la promenade sur le bord de la rivière avec sa fille, la plus belle princesse du monde, il dit à son maître : « Si vous voulez suivre mon conseil, votre fortune est faite : vous n'avez qu'à vous baigner dans la rivière, à l'endroit que je vous montrerai. »

Le marquis de Carabas fit ce que son chat lui conseillait. Pendant qu'il se baignait, le carrosse du roi passa, et le Chat se mit à crier : « Au secours ! au secours ! voilà monsieur le marquis de Carabas qui se noie ! » À ce cri, le roi regarda dehors, et, reconnaissant le Chat qui lui avait apporté tant de fois du gibier, il ordonna à ses gardes d'aller vite au secours de monsieur le marquis de Carabas.

Pendant qu'on retirait le pauvre marquis de la rivière, le Chat s'approcha du carrosse et dit au roi : « Lorsque mon maître se baignait, des voleurs sont venus et ont emporté ses habits. » Le drôle les avait cachés sous une grosse pierre.

Le roi ordonna aussitôt à ses officiers d'aller chercher un de ses plus beaux habits pour monsieur le marquis de Carabas. Et, comme les beaux habits qu'on venait de lui donner relevaient sa bonne mine (car il était beau et bien fait de sa personne), la fille du roi le trouva fort à son gré ; le marquis de Carabas lui jeta deux ou trois regards fort respectueux, et un peu tendres, et elle en devint amoureuse. Le roi lui demanda de monter dans son carrosse pour accompagner sa promenade. Le Chat, ravi de voir que son projet commençait à réussir, les devança, et, ayant rencontré des paysans qui fauchaient un pré, il leur dit : « Bonnes gens qui fauchez, si vous ne dites pas au roi que le pré que vous fauchez appartient à monsieur le marquis de Carabas, vous serez tous hachés menu comme chair à pâté. »

Le roi ne manqua pas de demander aux faucheurs à qui était ce pré qu'ils fauchaient : « C'est à monsieur le marquis de Carabas, » dirent-ils tous ensemble ; car ils avaient peur de la menace du Chat.

« Vous avez là un bel héritage, dit le roi au marquis de Carabas. — Vous voyez, sire, répondit le marquis ; c'est un pré qui rapporte abondamment toutes les années. »

Aa 語彙 gibier 猟の獲物、ジビエ；chasse 猟；promenade 散歩、散策；princesse お姫さま；conseil 忠告；fortune 運命、財産；se baigner 浸る、漬かる；carrosse 四輪馬車；secours 助け（au secours !）助けて；se noyer 溺れる；cri 叫び声；garde 衛兵；retirer 引き出す；emporter 持ってゆく；habit 衣服；drôle（古風）利口者；officier 召使い；relever 引き立てる；mine 顔色、外見；personne 容姿；fort（副詞）とても；gré 好み；respectueux うやうやしい；tendre 優しい；amoureux de 〜に恋している；ravi de 〜を大喜びする；devancer 先行する；paysan 農民、百姓；faucher 鎌で刈る；pré 草地；haché menu comme chair à pâté パイの詰め物のように挽肉にする、ひどい目に遭わせる；manquer de 〜しそこなう；faucheur 刈り取る人；menace 脅し；héritage 相続財産、所領；rapporter もたらす

実際のところ、21 世紀を生きる私たちは、喋るときだけでなく文章においても、単純過去で書く、という状況はほとんどありません。我々の日常的な文章のやりとり、たとえば e-mail などで単純過去を使うことはほとんど想定できません。かなり昔に起こったことでも、それが「我々の時代」に属すると考えられることであれば単純過去は避ける、というのが現代的なフランス語のスタイルです。

たとえば、「私は 1973 年に生まれた」というごく単純な文を考えてみましょう。これは、「私」に関しての叙述ですが、これを「現在から遡って思い出される過去」と考えるのは、当然、無理があります。ふつう人間は生まれたときの記憶を持っていません。たとえ持っていたとしても、それが何年のことであるのか、というのは、あとから人に教えてもらって得た知識のはずです。お母さんのお腹からこの世に出てきたとき、「あ、今は 1973 年だな」と理解した、そういう経験をした、と言うのはちょっと奇妙です。ですから、これはフランス語の書き言葉の論理では、

　　　Je suis né en 1973.（複合過去）

ではなく、

　　　Je naquis en 1973.（単純過去）

と言わなければいけません。しかし、今のフランス語の感覚では、ふだん目にしない 1 人称の単純過去 « naquis » なんて形を、歴史的人物でも有名人でもない自分自身に使うのは、文体として相当に奇妙です。したがって普通は、書き言葉においても複合過去を使って « je suis né » と表現するのです。（余談になりますが、かつては自分の誕生について単純過去を使うのも自然なことでした。アンドレ・ジッドの自伝は 1920 年代の出版ですが、その冒頭は当然のように « Je naquis le 22 novembre 1869. » と始まっています。）

▶ 練習 1 〈例文〉に関して，録音を聞いて、正しい (vrai) か正しくない (faux) かを答えましょう．

♪ no.2-28
1)　□ vrai　□ faux　　　2)　□ vrai　□ faux　　　3)　□ vrai　□ faux　　　4)　□ vrai　□ faux

▶ 練習 2 フランス語を聞き、書き取りましょう。　　　♪ no.2-29

1)
2)
3)
4)

Lecture 4 **単純過去（4）**
• •

例文　Le Maître Chat ou chat botté ＜4＞

♪ no.2-30

　　Le maître Chat, qui allait toujours devant, rencontra des moissonneurs et leur dit :
« Bonnes gens qui moissonnez, si vous ne dites pas que tous ces blés appartiennent à
monsieur le marquis de Carabas, vous serez tous hachés menu comme chair à pâté. »
Le roi, qui passa un moment après, voulut savoir à qui appartenaient tous les blés qu'il
voyait. « C'est à monsieur le marquis de Carabas, » répondirent les moissonneurs ; et le
roi s'en réjouit encore avec le marquis. Le Chat, qui devançait toujours le carrosse,
disait toujours la même chose à tous ceux qu'il rencontrait, et le roi était étonné des
grands biens de monsieur le marquis de Carabas.

　　Le maître Chat arriva enfin dans un beau château, le plus riche qu'on ait jamais vu,
dont le maître était un ogre ; car toutes les terres par où le roi avait passé étaient de la
dépendance de ce château. Le Chat, qui eut soin de s'informer qui était cet ogre et ce
qu'il savait faire, demanda à lui parler, disant qu'il n'avait pas voulu passer si près de
son château sans avoir l'honneur de lui faire la révérence. L'ogre le reçut aussi
civilement que le peut un ogre. « On m'a assuré, dit le Chat, que vous aviez le don de
vous changer en toutes sortes d'animaux ; que vous pouviez, par exemple, vous
transformer en lion, en éléphant. — Cela est vrai, répondit l'ogre, et, pour vous le
montrer, vous allez me voir devenir lion. » Le Chat fut si effrayé de voir un lion devant
lui, qu'il gagna aussitôt le toit, non sans peine et sans péril, à cause de ses bottes, qui ne
valaient rien pour marcher sur les tuiles.

　　Quelque temps après, le Chat, ayant vu que l'ogre avait quitté sa première forme,
descendit et avoua qu'il avait eu bien peur. « On m'a assuré encore, dit le Chat, mais je
ne peux pas le croire, que vous aviez aussi le pouvoir de prendre la forme des plus petits
animaux, par exemple de vous changer en un rat, en une souris : je pense cela tout à fait
impossible. — Impossible ! reprit l'ogre ; vous allez voir ; » et en même temps il se
changea en une souris, qui se mit à courir sur le sol. Le Chat tout de suite se jeta sur elle
et la mangea.

　　À ce moment-là, le roi, qui vit en passant le beau château de l'ogre, voulut entrer
dedans. Le Chat, qui entendit le bruit du carrosse, courut au-devant et dit au roi :
« Que votre Majesté soit la bienvenue dans ce château de monsieur le marquis de
Carabas ! — Comment, monsieur le marquis, s'écria le roi, ce château est encore à vous !
il n'existe rien de plus beau que cette cour et que tous ces bâtiments alentour ; voyons
l'intérieur, s'il vous plaît. »

　　Le marquis donna la main à la jeune princesse, et suivant le roi qui montait le
premier, ils entrèrent dans une grande salle, où ils trouvèrent un magnifique repas que
l'ogre avait fait préparer pour ses amis, qui devaient venir le voir ce jour-là, mais qui
n'avaient pas osé entrer, sachant que le roi y était. Le roi, charmé des bonnes qualités de
monsieur le marquis de Carabas, de même que sa fille qui en était folle, et voyant les
grands biens qu'il possédait, lui dit, après avoir bu cinq ou six verres : « Il ne tiendra

qu'à vous, monsieur le marquis, que vous ne soyez mon gendre. » Le marquis, faisant de grandes révérences, accepta l'honneur que lui faisait le roi, et dès le même jour il épousa la princesse. Le Chat devint grand seigneur, et ne courut plus après les souris, que pour se divertir.

Aa 語彙 moissonneur 収穫する人 ; moissonner 収穫する ; se réjouir de ～を喜ぶ ; étonné de ～に驚く ; bien 財産 ; ogre 人食い鬼 ; dépendance 附属地 ; avoir soin de 入念に～する ; s'informer 情報を手に入れる ; l'honneur 栄誉 ; civilement (古風) 礼儀正しく ; don 才能 ; se changer en... = se transformer en... ～に変身する ; sorte 種類 ; si...que... 非常に～なので～である ; effrayé de ～して恐怖する ; comment (間投詞的に驚きを表して) なんということだ ; péril 危険 ; tuile タイル、瓦屋根 ; avouer 告白する、認める ; reprendre 再び言う ; sol 地面 ; se jeter sur... ～に飛びかかる ; au-devant 前方に ; bienvenu 歓迎される客人 ; s'écrier 大声で言う ; xister 存在する ; cour 庭 ; alentour 周りの ; le premier 最初の人（として）; oser (不定詞を従えて) あえて～する ; charmé de ～に魅了される ; de même que... ～と同様に ; fou de ～に熱中した ; posséder 所有する ; il tient à vous que... ～であるかどうかはあなた次第だ ; gendre 婿 ; épouser 結婚する ; grand seigneur 貴族 ; se divertir 楽しむ、気晴らしをする

▶ 練習1 〈例文〉に関して，録音を聞いて、正しい (vrai) か正しくない（faux）かを答えましょう．

♪ no.2-31
1) □ vrai □ faux   2) □ vrai □ faux   3) □ vrai □ faux   4) □ vrai □ faux

▶ 練習2 フランス語を聞き、書き取りましょう。   ♪ no.2-32

1) _____

2) _____

3) _____

4) _____

INDEX

1. この索引では、本書に語彙として登場した約 1070 語が収められている。各単語末尾の（ ）内の数字は、（○○）黒色は「パイロット 1」、（○○）青色は「パイロット 2」で初出のページ数である。
2. 見出し語は、下記のようにレベル分けを行っている。

acheter ＝仏検 5 級レベル
addition ＝仏検 4 級レベル
admettre ＝その他

3. 見出し語の変化形は以下のとおりである。

（ ）内に女性形を示し、特殊な変化を取るものはイタリックにて示した。

見出し語	男性単数形	女性単数形	男性複数形	女性複数形
ami(e)	ami	amie	amis	amies
act*eur*(*trice*)	acteur	actrice	actrices	actrices
bateau, 男複 bateaux	bateau		bateaux	
an*cien*(*ienne*)	ancien	ancienne	anciens	anciennes
beau (belle), 男複 beaux	beau	belle	beaux	belles

品詞記号

名 男女同形名詞　　　　名男 男性名詞　　　　名女 女性名詞

固有男 固有名詞男性形　　固有女 固有名詞女性形

代 代名詞　　　　代男 代名詞男性形　　代女 代名詞女性形

動 動詞　　　　代動 代名動詞　　　　形 形容詞　　　　副 副詞　　　　前 前置詞　　　　冠詞 冠詞

間 間投詞　　　　成句 成句　　　　名句 名詞句　　　　副句 副詞句

疑 疑問詞　　　　接 接続詞　　　　接句 接続詞句　　　　前句 前置詞句　　　　複 複数形

補助記号

（主語）（疑問）（指示）（関係）（定）（不定）（部分）（所有）（非人称）

--------------- A ---------------

à 前 （à nous tous）私たち皆の（à は所有を示す）（14）

abondamment 副 豊富に（58）

abonnement 名男 定期契約（53）

absolument 副 絶対に；全然（〜ない）（14）

à côté 副 となりに（114）

à partir de 前句 〜から（88）

accepter 動 受け取る（20）

accident 名男 事故（118）

accompagner 動 同伴する（104）

achat 名男 購入（53）

acheter 動 買う（54）

actuellement 副 現在、目下（108）

admettre 動 認める（62）

admirable 形 すばらしい（58）

adorer 動 大好きだ（34）

adresse 名女 住所（119）

aéroport 名男 空港（50）

affaire 名女 （複数で）持ち物、荷物；事件（37）

affiche 名女 ポスター、張り紙（60）

affliger (se) 代動 悲しむ、悩む（62）

agaçant(e) 形 不愉快だ（13）

âge 名男 年齢（38）

âgé(e) 形 年上の、年とった（65）

agent 名男 警官（20）

agir (se) 代動 （非人称主語 il とともに）de 〜である、〜のことだ（94）

agriculture 名女 農業（86）

aider 動 手助けする（66）

aimer 動 愛する、好きだ（30）

aîné 名 長男（62）

ainsi 副 そうしたら（33）

air 名男 （avoir l'air + 形）〜の様子である（68）

alcool 名男 アルコール（115）

alentour 副 周りの（68）

Allemagne 固有女 ドイツ（34）

allemand 名男 ドイツ語（73）

aller 動 行く；（抽象的に挨拶で）うまく行く；à 〜に似合う（34）

allô 間 （電話口のよびかけ）もしもし（2）

alors 副 それでは（16）

âme 名女 魂；（âme sœur）（異性の）心の友（118）

amener 動 連れて行く（19）

américain(e) 名形 アメリカ人、アメリカの（12）

ami(e) 名 友人（12）

amitié 名女 友情（23）

amour 名男 愛（62）

amoureux(euse) 形 de 〜に恋している（66）

amusant(e) 形 面白い、愉快な（12）

amuser (se) 代動 楽しむ（12）

an 名男 年（38）

ancien (-ienne) 形 昔の（58）

âne 名男 ロバ（62）

anglais(e) 形 英国の（73）

Angleterre 固有女 イギリス（34）

animal, animaux 名男 動物（33）

année 名女 年（38）

anniversaire 名男 記念日、誕生日（76）

annoncer 動 知らせる（120）

août 名男 8月（52）

apparaître 動 現れる（7）

appareil-photo 名男 カメラ（26）

appart 名男 （appartement の略）集合住宅の一戸（49）

appartement 名男 アパルトマン、集合住宅の一戸（14）

appartenir 動 à ～の所有である（15）

appeler 動 電話をかける、呼ぶ（54）

appeler (se) 代動 ～という名前だ；お互いに電話をかけ合う（92）

apporter 動 持ってくる（103）

apprécier 動 （高く）評価する（34）

apprendre 動 知らせる、教える；学ぶ（89）

approcher (se) 代動 de ～に近づく（111）

après 副 そのあとで（34）

après-midi 名男 午後（96）

arbre 名男 木（92）

argent 名男 お金（あるいは貴金属の銀）（15）

armoire 名女 戸棚（107）

arrêter 動 止まる、やめる（90）

arriver 動 到着する；起こる（31）

ascenseur 名男 エスカレーター（31）

assez 副 十分に、かなり；(en avoir assez de) ～にうんざりする（38）

assurer 動 請け合う、保証する（19）

atmosphère 名女 大気（44）

attacher 動 つなぐ、留める（56）

attendre 動 待つ（66）

attendre (se) 代動 à ～を予期する（94）

attention 名女 (faire attention à...) ～に気をつける（112）

attitude 名女 態度（55）

au-dessus 副 de ～のうえに（13）

au-devant 副 前方に（68）

augmentation 名女 増加、増大（45）

augmenter 動 増加する（23）

aujourd'hui 副 今日（56）

aussi 副 ～もまた；(比較表現で) 同じくらい（32）

aussitôt 副 すぐに（64）

Australie 固有女 オーストラリア（52）

autant 副 （比較表現で）同じくらい（61）

authentique 形 正統的な（62）

automne 名男 秋（56）

autour de 前句 de ～のまわりを（72）

autre 形 別の（86）

avancer 動 進む（60）

avant 前 副 ～の前に；以前に（65）

avant de 副句 ～する前に（76）

avant-hier 副 おととい（112）

avec 前 ～と一緒に（36）

avenue 名女 大通り（33）

avion 名男 飛行機（76）

avis 名男 考え、意見（29）

avocat(e) 名 弁護士（119）

avoir 動 持つ（12）

avouer 動 告白する、認める（68）

avril 名男 4月（57）

──────── B ────────

bague 名女 指輪（6）

baigner (se) 代動 浸る、漬かる（66）

bain 名男 風呂（10）

balancer (se) 代動 揺れる（56）

balançoire 名女 ブランコ（56）

banque 名女 銀行（99）

bas(se) 形 低い；(en bas) 下に（59）

bateau, bateaux 名男 船（12）

bâtiment 名男 建物（24）

beau (belle), beaux 形 美しい；(faire beau) （非人称構文で）晴れる（23）

beaucoup 副 非常に（42）

bel 形 beau の男性単数第2形（59）

ben 間 (bien の変形) いやはや、何だって（17）

besoin 名男 必要；(avoir besoin de...) ～が必要だ（16）

beurre 名男 バター（14）

bien 名男 財産（68）

bien 副 うまく、上手に（30）

bien que 発音 ～ではあるが（34）

bien sûr （表現）もちろん（62）

bientôt 副 間もなく（31）

bienvenu 名 歓迎される客人（68）

billet 名男 切符（72）

bizarre 形 奇妙な（94）

blanc (blanche) 形 白い（55）

blé 名男 質（23）

blesser 動 傷つける（41）

bleu(e) 形 青い（19）

bof 間 （無関心や軽蔑をあらわして）おやおや、まあね（112）

boire 動 飲む；(とくにアルコール飲料を) 飲む（68）

boisson 名女 飲み物（29）

boîte 名女 箱；ナイトクラブ（32）

bol 名男 椀（62）

bon 間 まあ（16）

bon(ne) 形 良い、優秀な（22）

— D —

INDEX

échouer 動 失敗する（35）

école 名女 学校（15）

économie 名女 経済；(économie politique) 経済学（102）

économique 形 経済の（120）

écouter 動 聞く（102）

écrier (se) 代動 大声で言う（68）

écrire 動 書く（68）

éditeur(trice) 名 編集者（61）

effectivement 副 実際に（58）

effet 名男 効果（44）

efforcer (se) 代動 de ～しようと努力する（95）

effrayé(e) 形 de ～して恐怖する（68）

église 名女 教会（51）

élection 名女 選挙（58）

élégance 名女 優雅さ（64）

éléphant 名男 象（17）

élève 名 生徒（91）

elle 代「彼女」の強勢形（33）

elle 代(主語) 彼女は、それは（12）

elles 代「彼女ら」の強勢形（33）

elles 代(主語) 彼女らは、それらは（12）

élu(e) 形 選任された（14）

e-mail 名男 E メール（68）

embarrassé(e) 形 困惑している（68）

empêcher 動 妨げる（109）

employé(e) 名 従業員（99）

emporter 動 持ってゆく（66）

emprunter 動 借りる（94）

en 代 それを、それの、それについて（70）

en 前 ～に（22）

enchantement 名男 魅惑、すばらしいこと（58）

encombrer 動 混雑している（24）

encore 副 まだ、相変わらず；(否定文で) まだ（28）

endormir (se) 代動 眠りに落ちる（92）

endroit 名男 場所（10）

énergie 名女 エネルギー（29）

énervé(e) 形 イライラしている（14）

énerver 動 イライラさせる（54）

enfance 名女 子供時代（88）

enfant 名 子供（12）

enfin 副 ついに、ようやく（34）

enlèvement 名男 誘拐（60）

ennuyer (se) 代動 退屈する（99）

ennuyeux(euse) 形 退屈だ（10）

ensemble 副 一緒に、共に（36）

ensuite 副 そのあとに（33）

entendre 動 聞く（66）

entendre (se) 代動 理解し合う（30）

entre 前 ～の間で（29）

entrée 名女 玄関、入り口（22）

entreprise 名女 企業（51）

entrer 動 入る（78）

envie 名女 欲望；(avoir envie de...) ～を欲しがる（111）

environ 副 おおよそ（29）

envoyer 動 送る（55）

époque 名女 時代、(à l'époque) その当時、昔（102）

épouser 動 結婚する（69）

équipe 名女 チーム（107）

escalier 名男 階段（31）

escarpolette 名女 (古風) ブランコ（56）

espace 名男 空間、宇宙（44）

Espagne 固有女 スペイン（34）

espagnol 名男 スペイン語（34）

espèce 名女 種類（40）

espérer 動 期待する、思う（58）

essayer 動 試す（8）

est 名男 東（73）

est-ce que 疑 (文頭につけて疑問文をつくる) ～ですか？（35）

et 接 そして、～と（16）

étage 名男 階上（79）

étagère 名女 棚（26）

États-Unis 固有名複 アメリカ合衆国（27）

été 名男 夏（54）

étendre (se) 代動 横になる（64）

étiquette 名女 ラベル（112）

étoile 名女 星（73）

étonné(e) 形 de ～に驚く（68）

étonner 動 驚かす；(s'étonner) 驚く（13）

étrange 形 奇妙な（30）

étranger 名男 外国、(à l'étranger) 外国に（50）

être 動 ～である、～にいる、ある（22）

être partagé 遺産に与る（62）

étude 名女 (複数形で) 学業（31）

étudiant(e) 名 学生（22）

étudiant(e) 形 学生向けの（2）

étudier 動 学ぶ（30）

euro 名男 ユーロ（貨幣単位）（45）

Europe 固有女 ヨーロッパ（37）

eux 代「彼ら」の強勢形（33）

évidemment 副 もちろん、当然に（44）

évident(e) 形 明らかだ（17）

éviter 動 避ける（41）

exactement 副 正確に、そのとおり（44）

exagérer 動 誇張する（40）

examen 名男 試験（38）

excellent(e) 形 素晴らしい（16）

excuser 動 許す（42）

exemple 名男 例；(par exemple) 例えば（50）

exercice 名男 練習問題（60）

exister 動 存在する（68）

mars 名男 3月 (57)

maths 名女複 (mathématiques の略) 数学 (60)

matin 名男 朝、午前中 (40)

mauvais(e) 形 悪い (23)

me 代 私を、私に (66)

médecin 名男 医者 (22)

meilleur(e) 副 bon の比較表現 (62)

menace 名女 脅し (66)

même 形 同じ；副 ～でさえ；(de même que...) ～と同様に (68)

mentir 動 嘘をつく (7)

mer 名女 海 (29)

merci 名男 ありがとう (24)

mercredi 名男 水曜日 (37)

mère 名女 母 (14)

merveilleux(euse) 形 すばらしい (86)

mes 形(所有) 私の (32)

message 名男 メッセージ (6)

mesure 名女 政策 (120)

métier 名男 職業 (86)

mètre 名男 メートル (110)

métro 名男 地下鉄 (27)

mettre 動 置く (62)

mettre (se) 代動 ～に身を置く (92)

meunier 名 粉屋 (62)

midi 名男 正午 (100)

miel 名男 蜂蜜 (58)

mieux 副 bien の比較表現 (60)

migration 名女 移民 (44)

milieu 名男 真ん中 (13)

mince 間 (驚き・感嘆・落胆などを表す) わあっ、ちぇっ (54)

mine 名女 顔色、外見 (66)

ministre 名男 大臣；(premier ministre) 首相 (58)

minuit 名男 真夜中 (90)

minute 名女 (時間の単位) 分 (40)

miroir 名男 鏡 (92)

misère 名女 貧困 (64)

miséricorde 名女 同情 (64)

mode 名女 流行、(服飾の) 流行 (53)

modèle 名男 機種、モデル (26)

moderne 形 現代の (59)

moi 代 「私」の強勢形 (16)

moins 副 より少なく (60)

mois 名男 月 (57)

moissonner 動 収穫する (68)

moissonneur(euse) 形 収穫する人 (68)

moitié 名女 半分 (19)

moment 名男 瞬間 (65)

mon 形(所有) 私の (32)

monde 名男 人々、世界；(tout le monde) 全員 (54)

monsieur 名男 男性への敬称、呼びかけ；紳士 (2)

montagne 名女 山 (62)

monter 動 登る (78)

montre 名女 腕時計 (97)

montrer 動 見せる (13)

monument 名男 (歴史的・公共的) 建造物 (104)

moquer (se) 代動 de ～をばかにする (98)

mort(e) 名 死者 (118)

mot 名男 単語 (76)

motivé(e) 形 やる気がある (111)

moto 名男 バイク (41)

mourir 動 死ぬ (76)

moyen 名男 手段；(avoir les moyens de...) ～するお金を持っている (100)

moulin 名男 製粉機 (62)

musée 名男 美術館、博物館 (22)

musée du Louvre 固有男 ルーヴル美術館 (19)

musique 名女 音楽 (45)

———————— N ————————

nager 動 泳ぐ (52)

naissance 名女 誕生 (60)

naître 動 生まれる (79)

natation 名女 水泳 (64)

nation 名女 国民 (51)

naturel(elle) 形 自然の (59)

ne faire que... (表現) ～しかしない (34)

ne... pas 副 ～ない (16)

ne... que... 副 [que 以下のもの] しか～しない (80)

nécessaire 形 必要である (83)

négocier 動 交渉する (26)

neige 名女 雪 (115)

neiger 動(非人称) 雪が降る (74)

n'est-ce pas 副句 (同意を求めて) ～でしょ (86)

nez 名男 鼻 (33)

ni 接 ～もない (62)

niçois(e) 形 ニースの (16)

Noël 名男 クリスマス (38)

noir(e) 形 黒い (103)

nom 名男 名前 (102)

nombre 名男 数 (40)

nombreux(euse) 形 数が多い (29)

non 副 いいえ (16)

nord 名男 北 (73)

normal(ale), normaux 形 普通だ、当たり前だ (54)

nos 形(所有) 私たちの (32)

notaire 名 公証人 (62)

notre 形(所有) 私たちの (32)

nourriture 名女 食料 (53)

nous 代 私たちを、私たちに (66)

nous 代 「私たち」の強勢形 (33)

INDEX

résidence 名女 居住施設 (2)

résister 動 抵抗する (96)

respecter 動 尊重する (93)

respectueux(euse) 形 うやうやしい (66)

respirer 動 呼吸する (54)

ressembler 動 〜に似ている (25)

restaurant 名男 レストラン (110)

rester 動 留まる (31)

resto 名男 restaurant の略 (110)

retard 名男 (en retard) 遅刻している (28)

retenir 動 保持する (44)

retirer 動 (お金を) 引き出す (20)

retrouver 動 捜し出す (13)

retrouver (se) 代動 再会する (92)

réunion 名女 会議 (42)

réunir 動 集める (38)

réussir 動 成功する、合格する (38)

rêve 名男 夢 (58)

réveil 名男 目覚し時計 (38)

réveiller (se) 代動 目覚める (103)

revenir 動 戻ってくる (42)

révérence 名女 お辞儀 (64)

revoir 名男 (au revoir) さようなら (42)

rez-de-chaussée 名男 一階、地上階 (33)

riche 形 豊かな、裕福な (28)

rien 代(不定) (ne...rien) 何も〜ない (68)

rire 動 笑う (51)

rivière 名女 川 (23)

riz 名男 米 (103)

robe 名女 ワンピース (36)

robot 名男 ロボット (44)

rock 名男 ロック (20)

roi 名男 王 (57)

rôle 名男 役 (116)

roman 名男 小説 (51)

rond(e) 形 丸い (105)

rose 名女 バラ；バラ色の (6)

rouge 形 赤い (12)

rouler 動 運転する (38)

rue 名女 道、道路；(dans la rue) 街中 (50)

ruisseau 名男 小川 (100)

ruse 名女 策略 (64)

――――― S ―――――

sa 形(所有) 彼の、彼女の、その (32)

sable 名男 砂 (13)

sac 名男 鞄 (6)

sandwich 名男 サンドイッチ (29)

saisir 動 つかむ (38)

saison 名女 季節 (57)

salade 名女 サラダ、レタス (16)

salle 名女 ホール、部屋 (79)

salon 名男 居間 (28)

salut (間投詞的に) (くだけた挨拶) やあ (2)

samedi 名男 土曜日 (37)

sans 前 〜なしで (117)

santé 名女 健康 (95)

satisfaction 名女 満足 (58)

satisfait(e) 形 満足している (58)

sauver 動 助ける (26)

savant(e) 形 物知りな (58)

savoir 動 知っている (52)

scène 名女 舞台 (116)

sceptique 形 懐疑的だ、疑り深い (30)

scientifique 名 科学者 (40)

sec(sèche) 形 乾いた (59)

second(e) 形 二番目の (62)

seconde 名女 秒 (116)

secourir 動 援助する、助ける (64)

secours 名男 助け；(au secours !) 助けて (66)

secret 名男 秘密 (63)

secrétaire 名 秘書 (26)

seigneur 名男 (grand seigneur) 貴族 (69)

séjour 名男 滞在 (104)

séjourner 動 滞在する (106)

sel 名男 塩 (103)

selon 前 〜によれば (118)

semaine 名女 週 (42)

semblant 名 見かけ；(faire semblant de...) 〜の振りをする (62)

s'en aller 代動 行ってしまう；出かける (95)

sens 名男 意味 (44)

sentir 動 感じる (6)

sentir (se) 代動 (自分を) 〜だと思う (99)

septembre 名男 9月 (57)

sérieux(euse) 形 真面目だ (35)

servir 動 給仕する (41)

servir (se) 代動 de 〜を利用する (94)

ses 形(所有) 彼の、彼女の、その (32)

seul 副 それ自身で、ひとりでに (94)

seul(e) 形 ひとりで (82)

seulement 副 〜だけ (76)

si 接 〜かどうか；もし (53)

si 副 (否定疑問文に答えて) いいえ (40)

si 副 これほど、そんなに；とても、たいへん；(si...que...) 非常に〜なので〜である (94)

siècle 名男 世紀、100年間；(強調して口語で) 長い間 (108)

s'il te plaît (tu に対する依頼の表現) お願いだから (24)

simple 形 単純 (33)

sinon 接 そうでなければ (40)

sire 名男 (呼びかけで) 陛下 (64)

動 詞 変 化 表

I. aimer   III. être aimé(e)(s)

II. arriver   IV. se lever

1. avoir	17. venir	33. rire
2. être	18. ouvrir	34. croire
3. parler	19. entendre	35. craindre
4. placer	20. mettre	36. prendre
5. manger	21. battre	37. boire
6. acheter	22. suivre	38. voir
7. appeler	23. vivre	39. asseoir
8. préférer	24. écrire	40. recevoir
9. employer	25. connaître	41. devoir
10. envoyer	26. naître	42. pouvoir
11. aller	27. conduire	43. vouloir
12. finir	28. suffire	44. savoir
13. partir	29. lire	45. valoir
14. courir	30. plaire	46. falloir
15. fuir	31. dire	47. pleuvoir
16. mourir	32. faire	

不定形・分詞形	直　　説　　法		

I. aimer
aimant
aimé
ayant aimé
（助動詞　avoir）

	現　　　在	半　過　去	単　純　過　去
	j' aime	j' aimais	j' aimai
	tu aimes	tu aimais	tu aimas
	il aime	il aimait	il aima
	nous aimons	nous aimions	nous aimâmes
	vous aimez	vous aimiez	vous aimâtes
	ils aiment	ils aimaient	ils aimèrent

命　令　法
aime

aimons
aimez

	複　合　過　去	大　過　去	前　過　去
	j' ai aimé	j' avais aimé	j' eus aimé
	tu as aimé	tu avais aimé	tu eus aimé
	il a aimé	il avait aimé	il eut aimé
	nous avons aimé	nous avions aimé	nous eûmes aimé
	vous avez aimé	vous aviez aimé	vous eûtes aimé
	ils ont aimé	ils avaient aimé	ils eurent aimé

II. arriver
arrivant
arrivé
étant arrivé(e)(s)
（助動詞　être）

	複　合　過　去	大　過　去	前　過　去
	je suis arrivé(e)	j' étais arrivé(e)	je fus arrivé(e)
	tu es arrivé(e)	tu étais arrivé(e)	tu fus arrivé(e)
	il est arrivé	il était arrivé	il fut arrivé
	elle est arrivée	elle était arrivée	elle fut arrivée
	nous sommes arrivé(e)s	nous étions arrivé(e)s	nous fûmes arrivé(e)s
	vous êtes arrivé(e)(s)	vous étiez arrivé(e)(s)	vous fûtes arrivé(e)(s)
	ils sont arrivés	ils étaient arrivés	ils furent arrivés
	elles sont arrivées	elles étaient arrivées	elles furent arrivées

III. être aimé(e)(s)
受動態

étant aimé(e)(s)
ayant été aimé(e)(s)

	現　　　在	半　過　去	単　純　過　去
	je suis aimé(e)	j' étais aimé(e)	je fus aimé(e)
	tu es aimé(e)	tu étais aimé(e)	tu fus aimé(e)
	il est aimé	il était aimé	il fut aimé
	elle est aimée	elle était aimée	elle fut aimé e
	n. sommes aimé(e)s	n. étions aimé(e)s	n. fûmes aimé(e)s
	v. êtes aimé(e)(s)	v. étiez aimé(e)(s)	v. fûmes aimé(e)(s)
	ils sont aimés	ils étaient aimés	ils furent aimés
	elles sont aimées	elles étaient aimées	elles furent aimées

命　令　法
sois aimé(e)

soyons aimé(e)s
soyez aimé(e)(s)

	複　合　過　去	大　過　去	前　過　去
	j' ai été aimé(e)	j' avais été aimé(e)	j' eus été aimé(e)
	tu as été aimé(e)	tu avais été aimé(e)	tu eus été aimé(e)
	il a été aimé	il avait été aimé	il eut été aimé
	elle a été aimée	elle avait été aimée	elle eut été aimée
	n. avons été aimé(e)s	n. avions été aimé(e)s	n. eûmes été aimé(e)s
	v. avez été aimé(e)(s)	v. aviez été aimé(e)(s)	v. eûtes été aimé(e)(s)
	ils ont été aimés	ils avaient été aimés	ils eurent été aimés
	elles ont été aimées	elles avaient été aimées	elles eurent été aimées

IV. se lever
代名動詞
se levant
s'étant levé(e)(s)

	現　　　在	半　過　去	単　純　過　去
	je me lève	je me levais	je me levai
	tu te lèves	tu te levais	tu te levas
	il se lève	il se levait	il se leva
	n. n. levons	n. n. levions	n. n. levâmes
	v. v. levez	v. v. leviez	v. v. levâtes
	ils se lèvent	ils se levaient	ils se levèrent

命　令　法
lève-toi

levons-nous
levez-vous

	複　合　過　去	大　過　去	前　過　去
	je me suis levé(e)	j' m' étais levé(e)	je me fus levé(e)
	tu t' es levé(e)	tu t' étais levé(e)	tu te fus levé(e)
	il s' est levé	il s' était levé	il se fut levé
	elle s' est levée	elle s' était levée	elle se fut levée
	n. n. sommes levé(e)s	n. n. étions levé(e)s	n. n. fûmes levé(e)s
	v. v. êtes levé(e)(s)	v. v. étiez levé(e)(s)	v. v. fûtes levé(e)(s)
	ils se sont levés	ils s' étaient levés	ils se furent levés
	elles se sont levées	elles s' étaient levées	elles se furent levées

直　説　法	条　件　法	接　続　法	

単　純　未　来 ／ 現　在 ／ 現　在 ／ 半　過　去

直説法 単純未来	条件法 現在	接続法 現在	接続法 半過去
j' aimerai	j' aimerais	j' aime	j' aimasse
tu aimeras	tu aimerais	tu aimes	tu aimasses
il aimera	il aimerait	il aime	il aimât
nous aimerons	nous aimerions	nous aimions	nous aimassions
vous aimerez	vous aimeriez	vous aimiez	vous aimassiez
ils aimeront	ils aimeraient	ils aiment	ils aimassent

前　未　来 ／ 過　去 ／ 過　去 ／ 大　過　去

直説法 前未来	条件法 過去	接続法 過去	接続法 大過去
j' aurai aimé	j' aurais aimé	j' aie aimé	j' eusse aimé
tu auras aimé	tu aurais aimé	tu aies aimé	tu eusses aimé
il aura aimé	il aurait aimé	il ait aimé	il eût aimé
nous aurons aimé	nous aurions aimé	nous ayons aimé	nous eussions aimé
vous aurez aimé	vous auriez aimé	vous ayez aimé	vous eussiez aimé
ils auront aimé	ils auraient aimé	ils aient aimé	ils eussent aimé

前　未　来 ／ 過　去 ／ 過　去 ／ 大　過　去

直説法 前未来	条件法 過去	接続法 過去	接続法 大過去
je serai arrivé(e)	je serais arrivé(e)	je sois arrivé(e)	je fusse arrivé(e)
tu seras arrivé(e)	tu serais arrivé(e)	tu sois arrivé(e)	tu fusses arrivé(e)
il sera arrivé	il serait arrivé	il soit arrivé	il fût arrivé
elle sera arrivée	elle serait arrivée	elle soit arrivée	elle fût arrivée
nous serons arrivé(e)s	nous serions arrivé(e)s	nous soyons arrivé(e)s	nous fussions arrivé(e)s
vous serez arrivé(e)(s)	vous seriez arrivé(e)(s)	vous soyez arrivé(e)(s)	vous fussiez arrivé(e)(s)
ils seront arrivés	ils seraient arrivés	ils soient arrivés	ils fussent arrivés
elles seront arrivées	elles seraient arrivées	elles soient arrivées	elles fussent arrivées

単　純　未　来 ／ 現　在 ／ 現　在 ／ 半　過　去

直説法 単純未来	条件法 現在	接続法 現在	接続法 半過去
je serai aimé(e)	je serais aimé(e)	je sois aimé(e)	je fusse aimé(e)
tu seras aimé(e)	tu serais aimé(e)	tu sois aimé(e)	tu fusses aimé(e)
il sera aimé	il serait aimé	il soit aimé	il fût aimé
elle sera aimée	elle serait aimée	elle soit aimée	elle fût aimée
n. serons aimé(e)s	n. serions aimé(e)s	n. soyons aimé(e)s	n. fussions aimé(e)s
v. serez aimé(e)(s)	v. seriez aimé(e)(s)	v. soyez aimé(e)(s)	v. fussiez aimé(e)(s)
ils seront aimés	ils seraient aimés	ils soient aimés	ils fussent aimés
elles seront aimées	elles seraient aimées	elles soient aimées	elles fussent aimées

前　未　来 ／ 過　去 ／ 過　去 ／ 大　過　去

直説法 前未来	条件法 過去	接続法 過去	接続法 大過去
j' aurai été aimé(e)	j' aurais été aimé(e)	j' aie été aimé(e)	j' eusse été aimé(e)
tu auras été aimé(e)	tu aurais été aimé(e)	tu aies été aimé(e)	tu eusses été aimé(e)
il aura été aimé	il aurait été aimé	il ait été aimé	il eût été aimé
elle aura été aimée	elle aurait été aimée	elle ait été aimée	elle eût été aimée
n. aurons été aimé(e)s	n. aurions été aimé(e)s	n. ayons été aimé(e)s	n. eussions été aimé(e)s
v. aurez été aimé(e)(s)	v. auriez été aimé(e)(s)	v. ayez été aimé(e)(s)	v. eussiez été aimé(e)(s)
ils auront été aimés	ils auraient été aimés	ils aient été aimés	ils eussent été aimés
elles auront été aimées	elles auraient été aimées	elles aient été aimées	elles eussent été aimées

単　純　未　来 ／ 現　在 ／ 現　在 ／ 半　過　去

直説法 単純未来	条件法 現在	接続法 現在	接続法 半過去
je me lèverai	je me lèverais	je me lève	je me levasse
tu te lèveras	tu te lèverais	tu te lèves	tu te levasses
il se lèvera	il se lèverait	il se lève	il se levât
n. n. lèverons	n. n. lèverions	n. n. levions	n. n. levassions
v. v. lèverez	v. v. lèveriez	v. v. leviez	v. v. levassiez
ils se lèveront	ils se lèveraient	ils se lèvent	ils se levassent

前　未　来 ／ 過　去 ／ 過　去 ／ 大　過　去

直説法 前未来	条件法 過去	接続法 過去	接続法 大過去
je me serai levé(e)	je me serais levé(e)	je me sois levé(e)	je me fusse levé(e)
tu te seras levé(e)	tu te serais levé(e)	tu te sois levé(e)	tu te fusses levé(e)
il se sera levé	il se serait levé	il se soit levé	il se fût levé
elle se sera levée	elle se serait levée	elle se soit levée	elle se fût levée
n. n. serons levé(e)s	n. n. serions levé(e)s	n. n. soyons levé(e)s	n. n. fussions levé(e)s
v. v. serez levé(e)(s)	v. v. seriez levé(e)(s)	v. v. soyez levé(e)(s)	v. v. fussiez levé(e)(s)
ils se seront levés	ils se seraient levés	ils se soient levés	ils se fussent levés
elles se seront levées	elles se seraient levées	elles se soient levées	elles se fussent levées

不 定 形 分 詞 形	直　　説　　法			
	現　　　在	半　過　去	単　純　過　去	単　純　未　来
1. avoir もつ ayant eu [y]	j' ai tu as il a n. avons v. avez ils ont	j' avais tu avais il avait n. avions v. aviez ils avaient	j' eus [y] tu eus il eut n. eûmes v. eûtes ils eurent	j' aurai tu auras il aura n. aurons v. aurez ils auront
2. être 在る étant été	je suis tu es il est n. sommes v. êtes ils sont	j' étais tu étais il était n. étions v. étiez ils étaient	je fus tu fus il fut n. fûmes v. fûtes ils furent	je serai tu seras il sera n. serons v. serez ils seront
3. parler 話す parlant parlé	je parle tu parles il parle n. parlons v. parlez ils parlent	je parlais tu parlais il parlait n. parlions v. parliez ils parlaient	je parlai tu parlas il parla n. parlâmes v. parlâtes ils parlèrent	je parlerai tu parleras il parlera n. parlerons v. parlerez ils parleront
4. placer 置く plaçant placé	je place tu places il place n. plaçons v. placez ils placent	je plaçais tu plaçais il plaçait n. placions v. placiez ils plaçaient	je plaçai tu plaças il plaça n. plaçâmes v. plaçâtes ils placèrent	je placerai tu placeras il placera n. placerons v. placerez ils placeront
5. manger 食べる mangeant mangé	je mange tu manges il mange n. mangeons v. mangez ils mangent	je mangeais tu mangeais il mangeait n. mangions v. mangiez ils mangeaient	je mangeai tu mangeas il mangea n. mangeâmes v. mangeâtes ils mangèrent	je mangerai tu mangeras il mangera n. mangerons v. mangerez ils mangeront
6. acheter 買う achetant acheté	j' achète tu achètes il achète n. achetons v. achetez ils achètent	j' achetais tu achetais il achetait n. achetions v. achetiez ils achetaient	j' achetai tu achetas il acheta n. achetâmes v. achetâtes ils achetèrent	j' achèterai tu achèteras il achètera n. achèterons v. achèterez ils achèteront
7. appeler 呼ぶ appelant appelé	j' appelle tu appelles il appelle n. appelons v. appelez ils appellent	j' appelais tu appelais il appelait n. appelions v. appeliez ils appelaient	j' appelai tu appelas il appela n. appelâmes v. appelâtes ils appelèrent	j' appellerai tu appelleras il appellera n. appellerons v. appellerez ils appelleront
8. préférer より好む préférant préféré	je préfère tu préfères il préfère n. préférons v. préférez ils préfèrent	je préférais tu préférais il préférait n. préférions v. préfériez ils préféraient	je préférai tu préféras il préféra n. préférâmes v. préférâtes ils préférèrent	je préférerai tu préféreras il préférera n. préférerons v. préférerez ils préféreront

条件法	接続法		命令法	同型活用の動詞
現在	現在	半過去	現在	（注意）
j' aurais tu aurais il aurait n. aurions v. auriez ils auraient	j' aie tu aies il ait n. ayons v. ayez ils aient	j' eusse tu eusses il eût n. eussions v. eussiez ils eussent	aie ayons ayez	
je serais tu serais il serait n. serions v. seriez ils seraient	je sois tu sois il soit n. soyons v. soyez ils soient	je fusse tu fusses il fût n. fussions v. fussiez ils fussent	sois soyons soyez	
je parlerais tu parlerais il parlerait n. parlerions v. parleriez ils parleraient	je parle tu parles il parle n. parlions v. parliez ils parlent	je parlasse tu parlasses il parlât n. parlassions v. parlassiez ils parlassent	parle parlons parlez	第1群規則動詞 （4型〜10型をのぞく）
je placerais tu placerais il placerait n. placerions v. placeriez ils placeraient	je place tu places il place n. placions v. placiez ils placent	je plaçasse tu plaçasses il plaçât n. plaçassions v. plaçassiez ils plaçassent	place plaçons placez	—cer の動詞 annoncer, avancer, commencer, effacer, renoncer など. （a, o の前で c → ç）
je mangerais tu mangerais il mangerait n. mangerions v. mangeriez ils mangeraient	je mange tu manges il mange n. mangions v. mangiez ils mangent	je mangeasse tu mangeasses il mangeât n. mangeassions v. mangeassiez ils mangeassent	mange mangeons mangez	—ger の動詞 arranger, changer, charger, engager, nager, obliger など. （a, o の前で g → ge）
j' achèterais tu achèterais il achèterait n. achèterions v. achèteriez ils achèteraient	j' achète tu achètes il achète n. achetions v. achetiez ils achètent	j' achetasse tu achetasses il achetât n. achetassions v. achetassiez ils achetassent	achète achetons achetez	—e＋子音＋er の動詞 achever, lever, mener など. （7型をのぞく. e muet を 含む音節の前で e → è）
j' appellerais tu appellerais il appellerait n. appellerions v. appelleriez ils appelleraient	j' appelle tu appelles il appelle n. appelions v. appeliez ils appellent	j' appelasse tu appelasses il appelât n. appelassions v. appelassiez ils appelassent	appelle appelons appelez	—eter, —eler の動詞 jeter, rappeler など. （6型のものもある. e muet の前で t, l を重ね る）
je préférerais tu préférerais il préférerait n. préférerions v. préféreriez ils préféreraient	je préfère tu préfères il préfère n. préférions v. préfériez ils préfèrent	je préférasse tu préférasses il préférât n. préférassions v. préférassiez ils préférassent	préfère préférons préférez	—é＋子音＋er の動詞 céder, espérer, opérer, répéter など. （e muet を含む語末音節 の前で é → è）

不 定 形 分 詞 形	直　　　　説　　　　法			
	現　　　在	半　過　去	単純過去	単純未来
9. employer 使う employant employé	j'　emploie tu　emploies il　emploie n.　employons v.　employez ils　emploient	j'　employais tu　employais il　employait n.　employions v.　employiez ils　employaient	j'　employai tu　employas il　employa n.　employâmes v.　employâtes ils　employèrent	j'　emploierai tu　emploieras il　emploiera n.　emploierons v.　emploierez ils　emploieront
10. envoyer 送る envoyant envoyé	j'　envoie tu　envoies il　envoie n.　envoyons v.　envoyez ils　envoient	j'　envoyais tu　envoyais il　envoyait n.　envoyions v.　envoyiez ils　envoyaient	j'　envoyai tu　envoyas il　envoya n.　envoyâmes v.　envoyâtes ils　envoyèrent	j'　enverrai tu　enverras il　enverra n.　enverrons v.　enverrez ils　enverront
11. aller 行く allant allé	je　vais tu　vas il　va n.　allons v.　allez ils　vont	j'　allais tu　allais il　allait n.　allions v.　alliez ils　allaient	j'　allai tu　allas il　alla n.　allâmes v.　allâtes ils　allèrent	j'　irai tu　iras il　ira n.　irons v.　irez ils　iront
12. finir 終える finissant fini	je　finis tu　finis il　finit n.　finissons v.　finissez ils　finissent	je　finissais tu　finissais il　finissait n.　finissions v.　finissiez ils　finissaient	je　finis tu　finis il　finit n.　finîmes v.　finîtes ils　finirent	je　finirai tu　finiras il　finira n.　finirons v.　finirez ils　finiront
13. partir 出発する partant parti	je　pars tu　pars il　part n.　partons v.　partez ils　partent	je　partais tu　partais il　partait n.　partions v.　partiez ils　partaient	je　partis tu　partis il　partit n.　partîmes v.　partîtes ils　partirent	je　partirai tu　partiras il　partira n.　partirons v.　partirez ils　partiront
14. courir 走る courant couru	je　cours tu　cours il　court n.　courons v.　courez ils　courent	je　courais tu　courais il　courait n.　courions v.　couriez ils　couraient	je　courus tu　courus il　courut n.　courûmes v.　courûtes ils　coururent	je　courrai tu　courras il　courra n.　courrons v.　courrez ils　courront
15. fuir 逃げる fuyant fui	je　fuis tu　fuis il　fuit n.　fuyons v.　fuyez ils　fuient	je　fuyais tu　fuyais il　fuyait n.　fuyions v.　fuyiez ils　fuyaient	je　fuis tu　fuis il　fuit n.　fuîmes v.　fuîtes ils　fuirent	je　fuirai tu　fuiras il　fuira n.　fuirons v.　fuirez ils　fuiront
16. mourir 死ぬ mourant mort	je　meurs tu　meurs il　meurt n.　mourons v.　mourez ils　meurent	je　mourais tu　mourais il　mourait n.　mourions v.　mouriez ils　mouraient	je　mourus tu　mourus il　mourut n.　mourûmes v.　mourûtes ils　moururent	je　mourrai tu　mourras il　mourra n.　mourrons v.　mourrez ils　mourront

条 件 法	接 続 法		命 令 法	同型活用の動詞
現　　在	現　　在	半　過　去	現　　在	（注意）
j' emploierais tu emploierais il emploierait n. emploierions v. emploieriez ils emploieraient	j' emploie tu emploies il emploie n. employions v. employiez ils emploient	j' employasse tu employasses il employât n. employassions v. employassiez ils employassent	emploie employons employez	—oyer, —uyer, —ayer の動詞 (e muet の前で y → i. —ayer は 3 型でもよい. また envoyer → 10)
j' enverrais tu enverrais il enverrait n. enverrions v. enverriez ils enverraient	j' envoie tu envoies il envoie n. envoyions v. envoyiez ils envoient	j' envoyasse tu envoyasses il envoyât n. envoyassions v. envoyassiez ils envoyassent	envoie envoyons envoyez	renvoyer （未来，条・現のみ 9 型と ことなる）
j' irais tu irais il irait n. irions v. iriez ils iraient	j' aille tu ailles il aille n. allions v. alliez ils aillent	j' allasse tu allasses il allât n. allassions v. allassiez ils allassent	va allons allez	
je finirais tu finirais il finirait n. finirions v. finiriez ils finiraient	je finisse tu finisses il finisse n. finissions v. finissiez ils finissent	je finisse tu finisses il finît n. finissions v. finissiez ils finissent	finis finissons finissez	第 2 群規則動詞
je partirais tu partirais il partirait n. partirions v. partiriez ils partiraient	je parte tu partes il parte n. partions v. partiez ils partent	je partisse tu partisses il partît n. partissions v. partissiez ils partissent	pars partons partez	dormir, endormir, se repentir, sentir, servir, sortir
je courrais tu courrais il courrait n. courrions v. courriez ils courraient	je coure tu coures il coure n. courions v. couriez ils courent	je courusse tu courusses il courût n. courussions v. courussiez ils courussent	cours courons courez	accourir, parcourir, secourir
je fuirais tu fuirais il fuirait n. fuirions v. fuiriez ils fuiraient	je fuie tu fuies il fuie n. fuyions v. fuyiez ils fuient	je fuisse tu fuisses il fuît n. fuissions v. fuissiez ils fuissent	fuis fuyons fuyez	s'enfuir
je mourrais tu mourrais il mourrait n. mourrions v. mourriez ils mourraient	je meure tu meures il meure n. mourions v. mouriez ils meurent	je mourusse tu mourusses il mourût n. mourussions v. mourussiez ils mourussent	meurs mourons mourez	

不 定 形 分 詞 形	直 説 法			
	現 在	半 過 去	単 純 過 去	単 純 未 来
17. venir 来る venant venu	je viens tu viens il vient n. venons v. venez ils viennent	je venais tu venais il venait n. venions v. veniez ils venaient	je vins tu vins il vint n. vînmes v. vîntes ils vinrent	je viendrai tu viendras il viendra n. viendrons v. viendrez ils viendront
18. ouvrir あける ouvrant ouvert	j' ouvre tu ouvres il ouvre n. ouvrons v. ouvrez ils ouvrent	j' ouvrais tu ouvrais il ouvrait n. ouvrions v. ouvriez ils ouvraient	j' ouvris tu ouvris il ouvrit n. ouvrîmes v. ouvrîtes ils ouvrirent	j' ouvrirai tu ouvriras il ouvrira n. ouvrirons v. ouvrirez ils ouvriront
19. entendre 聞こえる entendant entendu(e)(s)	j' entends tu entends il entend n. entendons v. entendez ils entendent	j' entendais tu entendais il entendait n. entendions v. entendiez ils entendaient	j' entendis tu entendis il entendit n. entendîmes v. entendîtes ils entendirent	j' entendrai tu entendras il entendra n. entendrons v. entendrez ils entendront
20. mettre 置く mettant mis	je mets tu mets il met n. mettons v. mettez ils mettent	je mettais tu mettais il mettait n. mettions v. mettiez ils mettaient	je mis tu mis il mit n. mîmes v. mîtes ils mirent	je mettrai tu mettras il mettra n. mettrons v. mettrez ils mettront
21. battre 打つ battant battu	je bats tu bats il bat n. battons v. battez ils battent	je battais tu battais il battait n. battions v. battiez ils battaient	je battis tu battis il battit n. battîmes v. battîtes ils battirent	je battrai tu battras il battra n. battrons v. battrez ils battront
22. suivre ついて行く suivant suivi	je suis tu suis il suit n. suivons v. suivez ils suivent	je suivais tu suivais il suivait n. suivions v. suiviez ils suivaient	je suivis tu suivis il suivit n. suivîmes v. suivîtes ils suivirent	je suivrai tu suivras il suivra n. suivrons v. suivrez ils suivront
23. vivre 生きる vivant vécu	je vis tu vis il vit n. vivons v. vivez ils vivent	je vivais tu vivais il vivait n. vivions v. viviez ils vivaient	je vécus tu vécus il vécut n. vécûmes v. vécûtes ils vécurent	je vivrai tu vivras il vivra n. vivrons v. vivrez ils vivront
24. écrire 書く écrivant écrit	j' écris tu écris il écrit n. écrivons v. écrivez ils écrivent	j' écrivais tu écrivais il écrivait n. écrivions v. écriviez ils écrivaient	j' écrivis tu écrivis il écrivit n. écrivîmes v. écrivîtes ils écrivirent	j' écrirai tu écriras il écrira n. écrirons v. écrirez ils écriront

条件法	接続法		命令法	同型活用の動詞
現　在	現　在	半　過　去	現　在	（注意）
je viendrais tu viendrais il viendrait n. viendrions v. viendriez ils viendraient	je vienne tu viennes il vienne n. venions v. veniez ils viennent	je vinsse tu vinsses il vînt n. vinssions v. vinssiez ils vinssent	viens venons venez	convenir, devenir, provenir, revenir, se souvenir, tenir, appartenir, maintenir, obtenir, retenir, soutenir
j' ouvrirais tu ouvrirais il ouvrirait n. ouvririons v. ouvririez ils ouvriraient	j' ouvre tu ouvres il ouvre n. ouvrions v. ouvriez ils ouvrent	j' ouvrisse tu ouvrisses il ouvrît n. ouvrissions v. ouvrissiez ils ouvrissent	ouvre ouvrons ouvrez	couvrir, découvrir, offrir, souffrir
j' entendrais tu entendrais il entendrait n. entendrions v. entendriez ils entendraient	j' entende tu entendes il entende n. entendions v. entendiez ils entendent	j' entendisse tu entendisses il entendît n. entendissions v. entendissiez ils entendissent	entends entendons entendez	attendre, défendre, descendre, rendre, perdre, prétendre, répondre, tendre, vendre
je mettrais tu mettrais il mettrait n. mettrions v. mettriez ils mettraient	je mette tu mettes il mette n. mettions v. mettiez ils mettent	je misse tu misses il mît n. missions v. missiez ils missent	mets mettons mettez	admettre, commettre, permettre, promettre, remettre, soumettre
je battrais tu battrais il battrait n. battrions v. battriez ils battraient	je batte tu battes il batte n. battions v. battiez ils battent	je battisse tu battisses il battît n. battissions v. battissiez ils battissent	bats battons battez	abattre, combattre
je suivrais tu suivrais il suivrait n. suivrions v. suivriez ils suivraient	je suive tu suives il suive n. suivions v. suiviez ils suivent	je suivisse tu suivisses il suivît n. suivissions v. suivissiez ils suivissent	suis suivons suivez	poursuivre
je vivrais tu vivrais il vivrait n. vivrions v. vivriez ils vivraient	je vive tu vives il vive n. vivions v. viviez ils vivent	je vécusse tu vécusses il vécût n. vécussions v. vécussiez ils vécussent	vis vivons vivez	
j' écrirais tu écrirais il écrirait n. écririons v. écririez ils écriraient	j' écrive tu écrives il écrive n. écrivions v. écriviez ils écrivent	j' écrivisse tu écrivisses il écrivît n. écrivissions v. écrivissiez ils écrivissent	écris écrivons écrivez	décrire, inscrire

不 定 形 分 詞 形	直　　説　　法			
	現　　在	半　過　去	単　純　過　去	単　純　未　来
25. connaître 知っている connaissant connu	je connais tu connais il connaît n. connaissons v. connaissez ils connaissent	je connaissais tu connaissais il connaissait n. connaissions v. connaissiez ils connaissaient	je connus tu connus il connut n. connûmes v. connûtes ils connurent	je connaîtrai tu connaîtras il connaîtra n. connaîtrons v. connaîtrez ils connaîtront
26. naître 生まれる naissant né	je nais tu nais il naît n. naissons v. naissez ils naissent	je naissais tu naissais il naissait n. naissions v. naissiez ils naissaient	je naquis tu naquis il naquit n. naquîmes v. naquîtes ils naquirent	je naîtrai tu naîtras il naîtra n. naîtrons v. naîtrez ils naîtront
27. conduire みちびく conduisant conduit	je conduis tu conduis il conduit n. conduisons v. conduisez ils conduisent	je conduisais tu conduisais il conduisait n. conduisions v. conduisiez ils conduisaient	je conduisis tu conduisis il conduisit n. conduisîmes v. conduisîtes ils conduisirent	je conduirai tu conduiras il conduira n. conduirons v. conduirez ils conduiront
28. suffire 足りる suffisant suffi	je suffis tu suffis il suffit n. suffisons v. suffisez ils suffisent	je suffisais tu suffisais il suffisait n. suffisions v. suffisiez ils suffisaient	je suffis tu suffis il suffit n. suffîmes v. suffîtes ils suffirent	je suffirai tu suffiras il suffira n. suffirons v. suffirez ils suffiront
29. lire 読む lisant lu	je lis tu lis il lit n. lisons v. lisez ils lisent	je lisais tu lisais il lisait n. lisions v. lisiez ils lisaient	je lus tu lus il lut n. lûmes v. lûtes ils lurent	je lirai tu liras il lira n. lirons v. lirez ils liront
30. plaire 気に入る plaisant plu	je plais tu plais il plaît n. plaisons v. plaisez ils plaisent	je plaisais tu plaisais il plaisait n. plaisions v. plaisiez ils plaisaient	je plus tu plus il plut n. plûmes v. plûtes ils plurent	je plairai tu plairas il plaira n. plairons v. plairez ils plairont
31. dire 言う disant dit	je dis tu dis il dit n. disons v. dites ils disent	je disais tu disais il disait n. disions v. disiez ils disaient	je dis tu dis il dit n. dîmes v. dîtes ils dirent	je dirai tu diras il dira n. dirons v. direz ils diront
32. faire する faisant [fzɑ̃] fait	je fais tu fais il fait n. faisons [fzɔ̃] v. faites ils font	je faisais [fzɛ] tu faisais il faisait n. faisions v. faisiez ils faisaient	je fis tu fis il fit n. fîmes v. fîtes ils firent	je ferai tu feras il fera n. ferons v. ferez ils feront

条 件 法	接 続 法		命 令 法	同型活用の動詞
現　　在	現　　在	半　過　去	現　　在	（注意）
je connaîtrais tu connaîtrais il connaîtrait n. connaîtrions v. connaîtriez ils connaîtraient	je connaisse tu connaisses il connaisse n. connaissions v. connaissiez ils connaissent	je connusse tu connusses il connût n. connussions v. connussiez ils connussent	connais connaissons connaissez	reconnaître, paraître, apparaître, disparaître （t の前で i → î）
je naîtrais tu naîtrais il naîtrait n. naîtrions v. naîtriez ils naîtraient	je naisse tu naisses il naisse n. naissions v. naissiez ils naissent	je naquisse tu naquisses il naquît n. naquissions v. naquissiez ils naquissent	nais naissons naissez	renaître （t の前で i → î）
je conduirais tu conduirais il conduirait n. conduirions v. conduiriez ils conduiraient	je conduise tu conduises il conduise n. conduisions v. conduisiez ils conduisent	je conduisisse tu conduisisses il conduisît n. conduisissions v. conduisissiez ils conduisissent	conduis conduisons conduisez	introduire, produire, traduire, construire, détruire
je suffirais tu suffirais il suffirait n. suffirions v. suffiriez ils suffiraient	je suffise tu suffises il suffise n. suffisions v. suffisiez ils suffisent	je suffisse tu suffisses il suffît n. suffissions v. suffissiez ils suffissent	suffis suffisons suffisez	
je lirais tu lirais il lirait n. lirions v. liriez ils liraient	je lise tu lises il lise n. lisions v. lisiez ils lisent	je lusse tu lusses il lût n. lussions v. lussiez ils lussent	lis lisons lisez	élire, relire
je plairais tu plairais il plairait n. plairions v. plairiez ils plairaient	je plaise tu plaises il plaise n. plaisions v. plaisiez ils plaisent	je plusse tu plusses il plût n. plussions v. plussiez ils plussent	plais plaisons plaisez	déplaire, taire （ただし taire の直・現・ 3 人称単数 il tait）
je dirais tu dirais il dirait n. dirions v. diriez ils diraient	je dise tu dises il dise n. disions v. disiez ils disent	je disse tu disses il dît n. dissions v. dissiez ils dissent	dis disons dites	redire
je ferais tu ferais il ferait n. ferions v. feriez ils feraient	je fasse tu fasses il fasse n. fassions v. fassiez ils fassent	je fisse tu fisses il fît n. fissions v. fissiez ils fissent	fais faisons faites	défaire, refaire, satisfaire

不 定 形 分 詞 形	直　　説　　法			
	現　　　在	半　過　去	単 純 過 去	単 純 未 来
33. rire 笑う riant ri	je ris tu ris il rit n. rions v. riez ils rient	je riais tu riais il riait n. riions v. riiez ils riaient	je ris tu ris il rit n. rîmes v. rîtes ils rirent	je rirai tu riras il rira n. rirons v. rirez ils riront
34. croire 信じる croyant cru	je crois tu crois il croit n. croyons v. croyez ils croient	je croyais tu croyais il croyait n. croyions v. croyiez ils croyaient	je crus tu crus il crut n. crûmes v. crûtes ils crurent	je croirai tu croiras il croira n. croirons v. croirez ils croiront
35. craindre おそれる craignant craint	je crains tu crains il craint n. craignons v. craignez ils craignent	je craignais tu craignais il craignait n. craignions v. craigniez ils craignaient	je craignis tu craignis il craignit n. craignîmes v. craignîtes ils craignirent	je craindrai tu craindras il craindra n. craindrons v. craindrez ils craindront
36. prendre とる prenant pris	je prends tu prends il prend n. prenons v. prenez ils prennent	je prenais tu prenais il prenait n. prenions v. preniez ils prenaient	je pris tu pris il prit n. prîmes v. prîtes ils prirent	je prendrai tu prendras il prendra n. prendrons v. prendrez ils prendront
37. boire 飲む buvant bu	je bois tu bois il boit n. buvons v. buvez ils boivent	je buvais tu buvais il buvait n. buvions v. buviez ils buvaient	je bus tu bus il but n. bûmes v. bûtes ils burent	je boirai tu boiras il boira n. boirons v. boirez ils boiront
38. voir 見る voyant vu	je vois tu vois il voit n. voyons v. voyez ils voient	je voyais tu voyais il voyait n. voyions v. voyiez ils voyaient	je vis tu vis il vit n. vîmes v. vîtes ils virent	je verrai tu verras il verra n. verrons v. verrez ils verront
39. asseoir 座らせる asseyant assoyant assis	j' assieds tu assieds il assied n. asseyons v. asseyez ils asseyent j' assois tu assois il assoit n. assoyons v. assoyez ils assoient	j' asseyais tu asseyais il asseyait n. asseyions v. asseyiez ils asseyaient j' assoyais tu assoyais il assoyait n. assoyions v. assoyiez ils assoyaient	j' assis tu assis il assit n. assîmes v. assîtes ils assirent	j' assiérai tu assiéras il assiéra n. assiérons v. assiérez ils assiéront j' assoirai tu assoiras il assoira n. assoirons v. assoirez ils assoiront

条　件　法	接　続　法		命　令　法	同型活用の動詞
現　在	現　在	半　過　去	現　在	（注意）
je rirais tu rirais il rirait n. ririons v. ririez ils riraient	je rie tu ries il rie n. riions v. riiez ils rient	je risse tu risses il rît n. rissions v. rissiez ils rissent	ris rions riez	sourire
je croirais tu croirais il croirait n. croirions v. croiriez ils croiraient	je croie tu croies il croie n. croyions v. croyiez ils croient	je crusse tu crusses il crût n. crussions v. crussiez ils crussent	crois croyons croyez	
je craindrais tu craindrais il craindrait n. craindrions v. craindriez ils craindraient	je craigne tu craignes il craigne n. craignions v. craigniez ils craignent	je craignisse tu craignisses il craignît n. craignissions v. craignissiez ils craignissent	crains craignons craignez	plaindre, atteindre, éteindre, peindre, joindre, rejoindre
je prendrais tu prendrais il prendrait n. prendrions v. prendriez ils prendraient	je prenne tu prennes il prenne n. prenions v. preniez ils prennent	je prisse tu prisses il prît n. prissions v. prissiez ils prissent	prends prenons prenez	apprendre, comprendre, surprendre
je boirais tu boirais il boirait n. boirions v. boiriez ils boiraient	je boive tu boives il boive n. buvions v. buviez ils boivent	je busse tu busses il bût n. bussions v. bussiez ils bussent	bois buvons buvez	
je verrais tu verrais il verrait n. verrions v. verriez ils verraient	je voie tu voies il voie n. voyions v. voyiez ils voient	je visse tu visses il vît n. vissions v. vissiez ils vissent	vois voyons voyez	revoir
j' assiérais tu assiérais il assiérait n. assiérions v. assiériez ils assiéraient	j' asseye tu asseyes il asseye n. asseyions v. asseyiez ils asseyent	j' assisse tu assisses il assît n. assissions v. assissiez ils assissent	assieds asseyons asseyez	（代名動詞 s'asseoir と して用いられることが 多い. 下段は俗語調）
j' assoirais tu assoirais il assoirait n. assoirions v. assoiriez ils assoiraient	j' assoie tu assoies il assoie n. assoyions v. assoyiez ils assoient		assois assoyons assoyez	

不　定　形 分　詞　形	直　　　説　　　法			
	現　　　在	半　過　去	単　純　過　去	単　純　未　来
40. recevoir 受取る recevant reçu	je　reçois tu　reçois il　reçoit n.　recevons v.　recevez ils　reçoivent	je　recevais tu　recevais il　recevait n.　recevions v.　receviez ils　recevaient	je　reçus tu　reçus il　reçut n.　reçûmes v.　reçûtes ils　reçurent	je　recevrai tu　recevras il　recevra n.　recevrons v.　recevrez ils　recevront
41. devoir ねばならぬ devant dû, due dus, dues	je　dois tu　dois il　doit n.　devons v.　devez ils　doivent	je　devais tu　devais il　devait n.　devions v.　deviez ils　devaient	je　dus tu　dus il　dut n.　dûmes v.　dûtes ils　durent	je　devrai tu　devras il　devra n.　devrons v.　devrez ils　devront
42. pouvoir できる pouvant pu	je　peux (puis) tu　peux il　peut n.　pouvons v.　pouvez ils　peuvent	je　pouvais tu　pouvais il　pouvait n.　pouvions v.　pouviez ils　pouvaient	je　pus tu　pus il　put n.　pûmes v.　pûtes ils　purent	je　pourrai tu　pourras il　pourra n.　pourrons v.　pourrez ils　pourront
43. vouloir のぞむ voulant voulu	je　veux tu　veux il　veut n.　voulons v.　voulez ils　veulent	je　voulais tu　voulais il　voulait n.　voulions v.　vouliez ils　voulaient	je　voulus tu　voulus il　voulut n.　voulûmes v.　voulûtes ils　voulurent	je　voudrai tu　voudras il　voudra n.　voudrons v.　voudrez ils　voudront
44. savoir 知っている sachant su	je　sais tu　sais il　sait n.　savons v.　savez ils　savent	je　savais tu　savais il　savait n.　savions v.　saviez ils　savaient	je　sus tu　sus il　sut n.　sûmes v.　sûtes ils　surent	je　saurai tu　sauras il　saura n.　saurons v.　saurez ils　sauront
45. valoir 価値がある valant valu	je　vaux tu　vaux il　vaut n.　valons v.　valez ils　valent	je　valais tu　valais il　valait n.　valions v.　valiez ils　valaient	je　valus tu　valus il　valut n.　valûmes v.　valûtes ils　valurent	je　vaudrai tu　vaudras il　vaudra n.　vaudrons v.　vaudrez ils　vaudront
46. falloir 必要である — fallu	il　faut	il　fallait	il　fallut	il　faudra
47. pleuvoir 雨が降る pleuvant plu	il　pleut	il　pleuvait	il　plut	il　pleuvra

条 件 法	接 続 法		命 令 法	同型活用の動詞（注意）
現　　在	現　　在	半　過　去	現　　在	
je recevrais tu recevrais il recevrait n. recevrions v. recevriez ils recevraient	je reçoive tu reçoives il reçoive n. recevions v. receviez ils reçoivent	je reçusse tu reçusses il reçût n. reçussions v. reçussiez ils reçussent	reçois recevons recevez	apercevoir, concevoir
je devrais tu devrais il devrait n. devrions v. devriez ils devraient	je doive tu doives il doive n. devions v. deviez ils doivent	je dusse tu dusses il dût n. dussions v. dussiez ils dussent		（過去分詞は du＝de＋le と区別するために男性単数のみ dû と綴る）
je pourrais tu pourrais il pourrait n. pourrions v. pourriez ils pourraient	je puisse tu puisses il puisse n. puissions v. puissiez ils puissent	je pusse tu pusses il pût n. pussions v. pussiez ils pussent		
je voudrais tu voudrais il voudrait n. voudrions v. voudriez ils voudraient	je veuille tu veuilles il veuille n. voulions v. vouliez ils veuillent	je voulusse tu voulusses il voulût n. voulussions v. voulussiez ils voulussent	veuille veuillons veuillez	
je saurais tu saurais il saurait n. saurions v. sauriez ils sauraient	je sache tu saches il sache n. sachions v. sachiez ils sachent	je susse tu susses il sût n. sussions v. sussiez ils sussent	sache sachons sachez	
je vaudrais tu vaudrais il vaudrait n. vaudrions v. vaudriez ils vaudraient	je vaille tu vailles il vaille n. valions v. valiez ils vaillent	je valusse tu valusses il valût n. valussions v. valussiez ils valussent		
il faudrait	il faille	il fallût		
il pleuvrait	il pleuve	il plût		

101

ピロット 2
わくわく中級フランス語

検印
省略

© 2024 年 1 月 31 日 初版発行

著 者　　　　　原　　　大　　　地
　　　　　　　ローベル・ロラン
　　　　　　　川　村　文　重
　　　　　　　御　園　敬　介
　　　　　　　石　川　　　学
　　　　　　　中　野　芳　彦

発行者　　　　　小　川　洋 一 郎
発行所　　　株式会社　朝 日 出 版 社
　　　　　101-0065 東京都千代田区西神田 3-3-5
　　　　　電話直通 (03)3239-0271/72
　　　　　振替口座　00140-2-46008
　　　　　https://www.asahipress.com/

イラスト　　tama
本文レイアウト mi e ru
装　　丁　　mi e ru
組　　版　　有限会社ファースト
印　　刷　　信毎書籍印刷株式会社

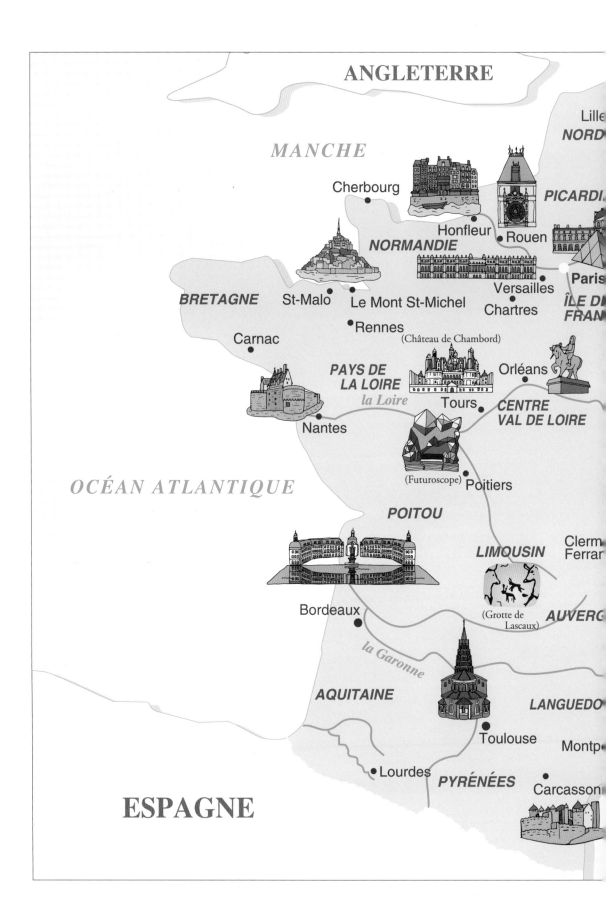

ANGLETERRE

MANCHE

Cherbourg

Honfleur

NORMANDIE

Rouen

Lille

NORD

PICARDIE

Paris

Versailles

ÎLE DE
FRANCE

Chartres

BRETAGNE

St-Malo

Le Mont St-Michel

Rennes

Carnac

(Château de Chambord)

PAYS DE
LA LOIRE

la Loire

Orléans

Tours

CENTRE
VAL DE LOIRE

Nantes

OCÉAN ATLANTIQUE

(Futuroscope)

Poitiers

POITOU

LIMOUSIN

Clerm
Ferrar

Bordeaux

(Grotte de
Lascaux)

AUVERG

la Garonne

AQUITAINE

LANGUEDO

Toulouse

Montp

Lourdes

PYRÉNÉES

Carcasson

ESPAGNE